사랑도 비판도 제대로 하려면
상대를 잘 알아야 하죠.
우리 삶에 참 중요한 정치,
현장에서 겪은 경험와 생각을
동료시민, 당신과 공유합니다.
읽어 주시고 함께 고민해 주시면
감사하겠습니다.

표 창 원
2021년 봄.

게으른 정의

게으른 정의

표창원이 대한민국 정치에 던지는 직설

한겨레출판

차례

나는 왜 정치를 떠났나

정치와는 담쌓고 살아온 경찰관 출신의 경찰대학 교수, 영국 유학을 다녀온 범죄 분석 전문가, 〈그것이 알고 싶다〉 등의 방송 출연자, 한국의 연쇄살인 등 범죄 관련 전문서적 저자. 이것이 2012년 12월 11일까지의 내 모습이었다. 당시 제18대 대통령 선거를 앞두고 불거진 국정원의 대선개입 여론조작 의혹사건에 대해 '다른 범죄사건과 마찬가지로 즉시 현장에 진입해 증거를 보존하고 수사를 통해 진위여부를 가려야 한다'는 주장을 했다가 정치적 중립 위반 시비에 휘말렸다. 나는 정치적 중립 위반 논란에서 벗어나 하고 싶은 이야기를 마음껏 하기 위해 경찰대학 교수직을 사직했고, 이것이 그동안 그렇게 멀리하고 살아왔던 정치의 소용돌이 속으로 가게 된 계기가 되었다.

　당시에 많은 주목을 받게 되자 야당 쪽 문재인 후보 캠프 관계자에게서 연락이 왔다. 선거 전 마지막 유세 현장 유세차에 후보와 함께 올라가 짧은 지지 연설을 해달라는 요청이었다. 난 불같이 화를 냈다. 내가 당신들 편들려고 그런 주장을 하고, 온 가족이 고통에 시달리고, 철밥통 교수직까지 그만둔 줄 아느냐고 마구 다그쳤다. 그 이후에도 여러 차례 다양한 정당, 혹은 유력 정치인들로부터 입당이나 재보궐 선거 출마 등 정치 입문 권유를 받았지만 거절했다. 나라고 왜 정치적 욕구와 야망이 없었을까? 국회의원이 되고, 그 후 정치권력을 갖게 되어 지난 30여 년간 줄기차게 글 쓰고 연구하고 외쳐온 경찰수사권 독립, 경찰개혁, 피해자 보호법 개정을 이뤄낼 수 있다면, 모든 범죄의 근원인 아동학대와 가정폭력 문제를 해결하고, 범죄 청소년 선도 교화의 꿈을 내 손으로 실현할 수 있게 된다면… 이런 생각에 몸이 달아오르는 게 인지상정이었다.

　하지만 내 인생 전체를 걸고, 혼자 힘으로 거대 권력과 맞짱 뜨며 싸운 것이 결국 정치권에 들어가려는 발판, 정치권에 진출해서 자리 하나 얻기 위함이었다는 오해를 받고 싶지는 않았다. 그저 한 사람의 시민이 자유로운 개인의 의사로, 자기 앞에 다가온 불의를 외면하지 않고 옳다고 믿는 주장을 용기 내어 했다는, 그 순수함을 인정받고 싶었다. 그런 사람도 있다는 것을 보여주고 싶었다. 그렇게 용기 있게 옳은 소리를 하고 탄압과 핍박을 받아도, 어느 한쪽의 정치 진영이나 정당 편을 들지 않고도 잘살 수 있다는 것을 증명하고 싶었다.

하지만 결국 3년을 버틴 끝에 2015년 12월 17일 새정치민주연합에 입당을 하고 말았다. 후회는 없다. 내가 가진 의지와 능력, 그리고 처한 상황에서 최선의 선택을 했다고 믿는다. 이후 20대 총선에서 국회의원에 당선되었고 야당 국회의원으로서 최선을 다하며 일했다. 그사이에 지난 대선 국정원의 여론 조작을 통한 대선 개입이 사실이었음이 밝혀졌고 원세훈 당시 국정원장에게는 유죄 판결이 내려졌다. 그후 박근혜 정권의 국정농단 문제가 드러났다. 촛불혁명에 이어 정권은 교체되었고 나는 여당 국회의원이 되었다.

2017년 1월, 박근혜 정권 블랙리스트 피해 예술인 단체로부터 '국회에서 시국풍자 전시회를 열려고 하니 장소 대관을 도와달라'는 연락을 받았다. 나는 보좌진을 통해 대관을 도와주었다. 그 전시회에 박근혜 전 대통령의 얼굴을 여성 나체에 그려 넣은 '올랭피아 패러디' 그림이 전시되었고 이에 대한 거센 비난이 일었다. 처음엔 작가를 옹호하며 예술의 자유와 표현의 자유를 내세웠던 나는 아무리 권력자라고 하더라도 여성의 신체를 비하하는 저급한 방식은 옳지 않다는 것을 깨닫고 공개 사과를 했다. 사과문도 발표하고 방송 인터뷰에도 응해서 여러 차례 사과를 했다. 당에도 징계를 해달라고 자청했고 6개월 당직정지 징계를 받았다. 새누리당의 국회 윤리특위 제소에도 응해, 외부자문위원들 앞에서 이뤄지는 공개심문 절차에도 따랐다. 다양한 지역의 노인회 등 오라는 곳은 다 가서 설명하고 사과했다. 그사이 내 가족에 대한 무차별적 신상공개와 음란합성물이 쏟아졌다. 4년이 지나 정치 은퇴를 한 지금까지도 나는 그 일에 대한 비난과 사과요구를 받고 있다.

그해 5월 대통령 선거를 앞두고 진행된 당내 예비 후보

경선에서는 '중립'을 선언했다가 '정알못', '표린이', '표중립' 등의 조롱성 별명과 함께 공격과 비아냥거림의 대상이 되고 말았다. 국민의 촛불 명령으로 이뤄진 탄핵과 선거에서 당내 후보끼리 진흙탕 싸움을 하는 것은 아니라고 생각했다. 같은 당의 후보끼리 갈려 분열하는 것은 옳지 않다는 게 내 소신이었고, 당내 경선 이후 통합을 위해서도 의원들은 중립을 지키는 것이 옳다고 믿었다. '우리 편'인 줄 알았는데 힘을 보태주지 않는 내게 섭섭함을 느낀 분들이 있었고 난 그 마음을 100% 이해했다. 그래서 비난과 공격을 감수했다. 이 문제는 그대로 2018년 지방선거로 이어졌다. 경기도지사 당내 경선에서 중립을 선언한 후 선출된 이재명 후보를 비난하고 공격하는 분위기가 일자, 당황한 일부 당원이 SNS에서 내게 어떻게 해야 할지 질문했을 때 '일단 당의 공식 후보에게 투표하시라'고 권고를 드리고, 전국 지원 유세 중이니 자세한 설명은 선거 후 드리겠다고 말했다. 그리고 선거가 끝난 후 긴 글을 올려 자세하게 원칙과 근거를 달아 그 이유를 설명했다. 하지만 4년이 다 되어가는 지금까지도 '무조건 1번 찍으라던 이유를 설명하라'는 조롱과 비난, 공격은 계속되고 있다.

하지만 이런 상황과 문제들이 나의 정치 은퇴의 이유는 아니다. 그동안 연쇄살인범으로부터 가족 살해 협박 등 이보다 훨씬 더한 위기와 고통을 겪어왔고, 다른 정치인들도 더 심한 아픔과 고통을 이겨내 성장하며 정치를 지속한다. 사법개혁, 검찰개혁, 경찰개혁 등의 입법과 정책으로 세상을 바꿔나갈 수 있다는 것, 희귀질환이나 사고로 심각한 고통이나 사망 피해를 당한 소방관이나 경찰관을 도울 수 있다는 것, 억울한 피해자들을 지원하거나 지역 내 위험한 어린이 통학로를 개선하고, 상가 집단 갈등 해결 등에 발 벗고 나섰을 때 고맙다는 말 한마디를 듣는 것만으로도 정치를 계속할 충분한 이유가 된다. 그 어떤 개인적인 희생과 대가를 치르더라도.

그러나 내가 속한 당이 여당이 되면서 바로 직전 야당 시절 내가 직접 비판하고 공격하던 것과 유사한 상황에서 이제까지와는 정반대의 역할을 해야 하는 자괴감만큼은 견디기 어려웠다. 인사청문회에서 부동산, 세금, 자녀 교육, 병역 등의 문제가 심각한 후보자를 옹호하고 공직의 사유화, 불공정, 권력형 범죄 의혹을 제기하는 야당으로부터 정부와 고위공직자를 지키기 위해 최선을 다해야 하는 상황은 고통이었다. 물론 야당의 주장 중 일방적이고 허위에 가까운 것도 많았고 정부나 고위공직자가 억울한 경우도 상당수 있었다. 하지만 그런 상황에서 야당 의원에게 지나치지 않느냐는 이의를 제기하면 '민주당은 더 했다'는 답이 돌아왔다. 그것도 맞는 말이었다. 여야가 바뀔 때마다 서로 공수 교대를 하며 상대방이 사용하던 용어나 표현 수단, 방법을 상당 부분 차용하면서까지 무조건 공격과 방어를 무한 반복하는 정치 관행에 적응하고 싶지 않았다.

개인적으로 좋아하고 존경하던, 하지만 가족이나 사생활에 대해선 전혀 모르며 사적인 대화나 만남도 없었던 조국 전 법무부장관의 인사청문회와 이후 전개된 상황은 더 이상 견딜 수 없었다. 조국 전 장관이나 가족은 억울하다고 느낄 수 있고 검찰의 표적 수사와 먼지털기식 과잉수사에 문제 제기를 할 수도 있다. 하지만 입장을 바꿔 우리가 야당이라면 과연 그런 주장에 동의하고 공세를 멈췄을까? 조국 전 장관보다 훨씬 더 억울한 입장에 처했을 수 있는 수많은 힘없는 시민, 서민 피의자들을 위해, 정치적 사건이나 정치적 이해가 크게 개입된 사건 외에, 정부와 여당이 온 힘을 다해 검찰과 맞서 싸운 적이 있었나? 공수처와 검경수사권 조정에 저항하는 검찰의 부당한 수사라고 해도, 힘없는 개인이 아닌 청와대 민정수석 출신의 법무부장관으로 대응하는 방법이 옳은가? 한마디로 '공정하고 정의로운가?'에 대한 의문을 떨칠 수 없었다. 내가 잘 알고 좋아하고 우리 편인 조국 전 장관이기에 난 결코 객관적일 수 없었다. 문제가 된 사안에 대한 정보 역시 언론 보도나 일반인의 수준을 넘지 못하는 내가 판단할 수 없는 영역도 많았다. 정치는 객관과 중립이 아닌 정파성, 당파성에 입각한 충성심으로 해야 한다고 주장하는 분들도 많지만 난 그럴 수 없었다. 그렇다고 내가 이명박 정권에서 여론 조작을 통한 국정원의 대선 개입 사건이나 박근혜 정권의 폭압과 국정농단에 맞서 싸우던 것과 같은 방식, 강도로 정부와 우리 당을 공격할 수는 없었다. 양자 간에 내용과 정도의 차이도 있지만, 늘 협력과 동지애를 강조하며 팀플레이에 입각해 살아온 내 방식은 내부에서 문제 제기를 하고 그 문제를 고치려고 노력하는 것이었다. 내 주장과 의견이 받아들여지지 않고 통하지 않을 때, 어떤 입장을 취하고 어떤 역할을 해야 할지 판단할 수 없을 때는 떠나는 것이 도리다. 적폐 세력과의 길고 큰 싸움에서 이기기 위해 우리 편의 문제나 우리 편에게 제기된 의혹을 방어하고 최소화시켜야 한다는 전쟁논리에는 결코 동의할 수 없었다. 정치가 그런 것이라면 난 정치에 맞지 않는다. 어울리지 않는 곳에서 불편을 야기하고 원하지 않는 방향으로 이용당하기보다 모두 내려놓고 떠나는 것이 도리라고 생각한다.

무엇보다 광장에서, 거리에서 함께 촛불을 들고 공정하고 정의로운 나라를 염원하던 시민들의 기대와 희망이, 그 눈물겨운 노력이 이렇게 정치적 다툼 속에서 허망하게 스러져가는 과정을 견딜 수 없었다. 그 과정에서 공범으로 동참하고 있다는 자괴감이 가슴을 짓눌렀다. 80%가 넘는 국민의 절대적인 지지를 받는 정부와 여당이 국민과 함께 더 공정하고 건강한 민주주의, 믿을 수 있는 수사와 사법 시스템, 자녀의 사교육에 전 재산을 쏟아 붓지 않아도 되는 제대로 된 공교육 시스템 등을 갖춘 정상 국가를 만들 수 있을 텐데…. 그 기회를, 그리고 그 힘찬 개혁의 동력을 내가, 우리가 무능력해서, 혹은 제 식구 감싸기 등 불공정 논란에 연이어 휩싸이면서 허망하게 낭비하고 소진해버리고 있다는 공포를 이겨낼 수 없었다. 고객들이 믿고 예탁한 거액의 돈을 날려버린 증권사 펀드 매니저의 심경이 이럴까?

결국 도와달라는 요청에 응답해 시작했던 정치이고, 내가 할 수 있는 도움의 역할을 마쳤기에 미련 없이 제자리로 돌아가기로 했다. 이제 인생 후반기는, 내가 더 잘, 더 제대로 쓰일 곳에서 제 역할을 하고 싶었다. 이것이 내가 정치를 떠난 이유다. 그 결정에 대한 다른 의견이나 비판은 감사하게 그리고 겸허하게 듣고 받을 것이다.

이 책은 이렇듯 정치와 무관했던 한 시민이 본의 아니게 정치인이 되어 시민을 대표하기 위해 애쓰면서 겪고 느낀 솔직한 심정의 기록이다. 그 시민이 전념하며 천착해온 범죄 분석의 경험과 이론, 잣대가 기록의 방식이 되었다. 우리 공동체의 근간이며 매우 중요한 기능인 정치가 정상화되길 바라는 동료 시민들이 천천히 자신의 생각과 비교하며 곱씹어 읽어주길 기원하며 조심스럽게 내어놓는다.

1부

여의도
프로파일링

한국 보수 정치,

사망을
선고합니다

2019년 12월 16일, 대한민국 국회의사당 앞과 의원회관 주변 및 경내 일원은 하루 종일 집단 난동과 폭력, 고함과 욕설 등에 휩싸였고 흡사 전쟁터 같았다. 현장과 그 주변에 있던 사람들 입에서 난장판, 아수라장, 아비규환 같은 용어들이 자연스럽게 튀어나왔다. 언론과 방송의 헤드라인 역시 크게 다르지 않았다. 더 놀라운 것은 이 초유의 사태가 대한민국 대표 보수 정당, 제1야당인 자유한국당(당시 정당명, 지금의 국민의 힘)의 주도하에 전국에서 동원된 당원들이 참가한 불법집회로 발생했다는 사실이다. 황교안 당대표와 심재철 원내대표 등 지도부 인사들은 공개적이고 적극적으로 불법 집회의 지속과 폭력 난동을 부추기고 응원하고 격려하기까지 했다. '법과 질서'를 가장 중요한 가치로 삼는 보수 정당이 기획한 집회라고는 가히 상상도 할 수 없는 사태가 일어난 것이다. 그것도 일시적인 착오나 의도치 않은 실수가 아닌, 확고하고 철저하게 준비하고 계획한 뒤에 행해진 '기획 행사'였다는 점에서 충격을 금할 수 없었다. 게다가 이미 그로부터 8개월 전인 4월, 국회 패스트트랙 폭력 저지 사태와 이후 전광훈 목사 세력 등과 함께 광화문 폭력집회를 주도한 일련의 상황에 대한 우려와 비판의 목소리가 보수 세력 내에서도 강하게 제기되었었다. 그 의도성과 계획성, 고의성은 의심의 여지조차 없다. 이쯤 되면 (당시) 자유한국당은 '법과 질서'라는 보수 정치의 핵심 가치를 공개적으로 그리고 공식적으로 포기한 것으로 봐야 한다.

이 사건은 2021년 1월 6일 미국 국회의사당에 총을 비롯한 무기들을 들고 폭력적인 방법으로 난입한 극우 트럼프 지지 세력의 민주주의 파괴 행위에 대한 공화당의 대처와 비교된다. 미국 공화당은 이들 극우세력과의 연관성을 부인하고 거리를 두기 위해 이들을 맹비난했다. 그 후 엄중한 수사와 처벌을 촉구했다. 이들이 의회 난입 폭력을 벌이기 직전에 백악관 앞에서 지난 대선의 합법성을 부정하고 실력행사를 강조하며, 폭력 난동을 부추기는 듯한 연설을 했던 트럼프 대통령조차 그들과 거리를 두는 선택을 했다. 이 사태 직후 비난이 거세게 일자 트럼프는 '우리는 법 집행의 정당이다. 폭력은 안 된다'며 이들과 관련성을 부인하고 등을 돌렸다. 하지만 자유한국당에서 국민의 힘으로 이름을 바꾼 한국 보수 정당은 여전히 당시 국회 폭력 사태에 대한 명확한 입장을 표명하지 않고 있다. 그러면서 '시위의 원인인 문재인 정권의 폭정과 여당의 다수 독재'에 그 탓을 돌리려고 한다. 또한 '많은 시민이 소리 높여 외친 독재 타도라는 목소리와 내용에 귀를 기울여야 한다'는 입장을 바꾼 적이 없다. 여전히 한국의 보수 정당은 '정당한 목적을 위해서라면 불법과 폭력도 정당화된다'는 논리와 입장을 공식적으로 고수하고 있는 것으로 보인다.

사회의 주류이며 정통인 '보수'의 본뜻

보수(conservative)의 다른 이름은 '주류(mainstream)', 혹은 '정통(orthodox)'이다. 한 국가 혹은 사회가 오랫동안 만들고 가꾸고 지켜온 체제와 이념, 가치, 문화, 관습, 법과 제도 등을 지키고 보존하는 것, 동시에 변화하는 외부 환경에 적응하기 위한 개선과 혁신을 해나가는 노력, 주의, 주장, 신념 그리고 이를 믿고 따르며 행하는 사람들을 '보수'라 일컫는다. 어느 나라든 학문, 예술, 종교 등 모든 분야의 주류, 정통으로 자리 잡은 보수 이론과 체계, 집단이 있다. 그중 가장 대표적이고 상징적인 것이 보수 정치, 보수 정당이다. 영국의 보수당, 미국의 공화당, 서유럽 여러 나라의 기독민주당 등이 대표적이다. 입헌군주제, 대통령제, 내각제 등 체제나 문화, 역사는 달라도 각 국가와 사회의 전통을 대표하는 '보수', 거기에 내재하는 전 세계적인 공통 가치들이 있다. 국가, 명예, 책임, 품격, 권위, 법과 질서가 바로 그것이다. 낡았다, 재미없다, 고루하다, 고집스럽다, 답답하다 등의 부정적 이미지가 필수적으로 수반되기 때문에 변화와 새로움을 전면에 내세우는 진보의 비판과 공격에 시달리는 숙명을 가지고 있다. 하지만 보수에게는 노학자의 육필 원고, 멋진 예복을 착용한 퇴역 군인의 경례, 누가 뭐래도 정해진 규정과 절차를 고집하는 공무원, 마지막까지 배를 지킨 타이타닉 호의 선장 같은 무겁고 두터우며 은은한 품격과 멋이 있다.

대부분의 안정된 국가에서 새롭고, 혁신적이고, 미래지향적이고, 변화를 약속하는 진보의 매력에 끌리는 사람보다 보수를 지지하는 사람이 더 많은 것이 일반적인 까닭이다. 보수 정당이 국가 안보와 경제, 나와 내 가족의 생활과 주거, 직장, 의료와 교육 등 기본적 국가 기능을 책임지고 안정적으로 유지해줄 것을 시민들이 믿기 때문이다. 보수는 답답하지만 예측 가능하고, 고루하지만 법과 질서를 지킨다. 현실을 크게 바꾸진 못해도 위험한 모험은 하지 않을 것이라는 믿음이 일반 대중의 근저에 단단하게 깔려 있다.

보수는 무엇을 지켜야 하는가?

보수 정치의 주요 가치들 중에서도 '법과 질서'가 그 중심에 확고하게 자리 잡은 것은 1980년대 대처-레이건 집권 시절이다. 이 시기는 서구 민주주의 진영 역사에서 '신 보수 시대' 혹은 '보수 정치의 황금기'라고 불린다. 1979년 5월 영국 국회의원 총선거 당시 마거릿 대처 당수가 이끌던 보수당은 석탄 등 사양 국유산업의 민영화를 포함해 '영국병'을 치료할 '대처리즘' 경제정책, '법과 질서'의 확립과 회복을 대표 공약으로 내세웠다. 높은 범죄율과 빈발하는 폭동 등 무질서 사태에 지친 민심에 호소하는 동시에, 보수 정당의 최대 장점을 부각시킨 전략이었다. 총선에서 압승한 마거릿 대처는 영국 최초의 여성 총리가 되었고, 2년 후 치러진 미국 대통령 선거에서 공화당 레이건 후보가 유사한 공약을 내세우며 당선되었다. 이후 서구 민주주의 진영의 우경화, 신자유주의화를 쌍끌이 하며 보수 정치 천하를 구축하게 되었다.

영국 보수당 18년의 장기집권을 끝낸 노동당의 토니 블레어 역시, 기존의 좌파 노동당이 '경제와 법질서' 두 가지 분야의 취약성 때문에 만년 야당이었다는 자각을 했고, '기간산업 국유화'라는 당헌 제4조를 폐기했다. 그리고 '범죄에 강력하게 대응한다'는 '법질서' 우선 정책을 내세우는 '제3의 길'을 비장의 무기로 내세워 승리했다. 이러한 경향은 다른 유럽, 미주 국가들은 물론 아시아와 오세아니아 등 서구 민주주의 모델을 채택하는 대부분 국가의 보편적 현상이 되었다. '법과 질서'는 보수 정치, 더 나아가 주류 수권정당이라면 당연히 핵심 가치로 내세우고 반드시 지켜나가야 하는 '철칙'이 되었다고 할 수 있다.

사실 법질서, 법치주의, 법과 원칙에 대한 보수 정치의 신념과 중시는 철학을 넘어 가히 종교적이라고도 할 수 있다. 보수의 정체성과 본질이 '지키는 것'이며, 그 지키려는 대상인 체제와 질서, 문화와 전통의 '심장'과 '영혼'이 바로 '헌법과 법률', 법체계이기 때문이다. 반면에 진보는 국가와 사회의 기득권 지배구조를 해체하거나 변화시키고 보다 이상적인 평등 사회로 나아가기 위해 끊임없이 실정법의 체계와 내용, 그 집행의 문제점을 찾는다. 진보는 계속해서 도전하고 비판하고 저항, 개혁, 혹은 혁명을 시도하고 전개해나간다. 가장 대표적인 것이 국가보안법, 집회 및 시위에 관한 법률, 경찰관 직무집행법, 테러방지법 등을 둘러싼 보수와 진보의 시각 차이다. 보수는 법학계, 법조계, 언론과 정치 및 관료계의 주류, 기득권으로서 국가 체제와 사회 질서를 지키기 위한 규정과 절차 및 처벌을 입법하고 강화해왔다. 그 내용이나 집행 과정에서 지나치거나 가혹하거나, 인권 침해 및 부당성이 제기되어도 '악법도 법, 일단 법 절차는 지켜야 하고 위반하면 응당 처벌을 받아야 한다'는 주장을 앵무새처럼 반복해왔다. 보수에게 있어 법과 질서는 종교의 경전이며 계명이요, 그것의 고의적인 위반은 '신성 모독'에 해당한다.

하지만 진보는 미국의 말콤 엑스나 제시 잭슨 목사, 우리나라 민주화 운동가들의 사례에서 보듯 '악법은 법이 아니다'라고 믿었다. 그리고 독재 타도나 민주화, 차별 철폐, 노동자 권리, 인권 등 사회 진보를 위한 '더 크고 중요한 목적을 위해서라면 법과 질서를 위반해도 된다'고 여기고 행동해왔다. 이것이 보수가 시대정신일 때는 진보가 '위험한 급진주의자들'처럼 보이고, 진보가 시대정신일 때는 보수가 '공권력을 이용해 서민과 약자를 탄압하고, 여론에는 귀 닫는 꽉 막힌 기득권자들'로 인식되는 이유다.

'법질서'를 포기한 한국 보수 정당의 행태

만약 대기업 회장과 사장들이 힘들고 어렵다고 노조처럼 파업하고, 검사나 경찰관들이 범죄자들처럼 법을 어기고, 군 장성들이 일선 장병들처럼 소원 수리함에 요청사항을 써 넣는다면…. 그것도 한두 번의 특별하고 일시적인 사건이 아니라 일상적, 지속적, 조직적으로 행해진다면…. 그들의 목적 달성 등의 성공 여부를 떠나, 그들이 정체성과 본질 자체를 포기했다고 봐야 할 것이다. 물론 답답하거나 화가 나서 연락을 끊고 잠적하는 대기업 임원도 있고, 불법 수사나 범죄 행위로 처벌받는 검사나 경찰관도 있으며, 고충을 털어놓고 하소연하는 장군도 있을 수 있다. 하지만 그런 일을 공개적, 일상적, 조직적으로 행하지는 않는다. '개인적 일탈'일 뿐이다. 보수 정치인들 역시 보수 정치의 가치와 이념에서 벗어나는 언행을 할 수 있고, 이는 진보 정치인도 마찬가지다. 언론의 가십, 스캔들로 종종 목격되기도 한다. 하지만 보수 정당은 국회의장실을 점거하면서 경찰관을 폭행하고, 국회 사무처에 법안이 제출되지 못하게 물리력을 동원해 막아섰다. 회의를 못 열게 하려고 다수 인력을 동원해 회의장을 점거하고 동료의원을 감금했다. 또한 팩스로 제출된 법안을 힘으로 빼앗고, 광화문 광장에서 불법 폭력 집회에 참여해 이를 격려·응원하면서 전국 당협위원회에 공문이나 문자로 지시를 내려 당원들을 동원했다. 불법과 무질서 행위를 고의적이고 공식적으로, 지속적이고 조직적, 공개적으로 행하는 정당, 정치인을 '보수'라고 부를 수는 없다.

급기야 2019년 12월 16일, 자유한국당과 우리공화당 두 '보수 정당' 및 소위 '태극기 부대' 등 보수 세력들은 현행법상 절대로 집회를 해서는 안 되는 입법부의 심장인 국회에, 경찰 및 국회 사무처의 제지와 통제를 무력화시키며, 불법으로 무력 진입해 폭력적인 난동을 자행했다. 점거하고 농성하는 사상 초유의 '테러 행위'나 마찬가지였다. 이들은 하루 종일 국회를 난장판으로 만들었다. 입법부의 업무를 통째로 마비시킨 후 경찰의 여섯 차례에 걸친 해산 퇴거명령에도 불응했다. 그들은 어두워진 뒤에야, 황교안 자유한국당 대표의 뒤를 따라 국회 밖으로 유유히 걸어 나갔다. 당일 오전에 자유한국당이 의원들을 동원해 난동행위자들을 국회 안으로 진입시킨 정황이 다음의 (원내대표가 의원들에게 보낸) 문자 내용에 그대로 담겨 있다. 그리고 그들은 국민의 힘으로 이름을 바꾼 이후 지금까지도 이 사태에 대한 명확한 비판이나 사과 등의 입장 표명을 하지 않고 있다. 또한 황교안과 심재철 등 이 사태와 관련된 정치인들은 여전히 국민의 힘 주요 인사로 어깨에 힘을 주고 있다.

[알림] 오늘 11:00에 "공수처법 선거법 날치기 저지 규탄대회"가 예정되어 있습니다. 그러나 현재 규탄대회 참석자를 국회 출입구 쪽에서 통제 중인 상황입니다. 의원님들께서는 지금 즉시 국회 출입구로 가셔서 지지자 및 참석자를 안내해서 모셔 오도록 부탁드립니다.

— 원내대표 심재철 드림

'법질서' 포기가 '보수 정치의 자살행위'인 이유

한국의 대표적인 보수 정당을 자처하는 자유한국당은 왜 이런 행동을 했을까? 박근혜 전 대통령의 탄핵 및 사법 처리가 부당했다는 믿음, 민주당 등 진보 세력이 집회와 시위 등 다중의 물리력으로 만들어낸 결과를 보수 진영도 똑같이 하면 문재인 정부를 전복시킬 수 있다는 생각, 정부와 국회와 언론 및 사법부와 경찰 등이 모두 좌파에게 장악되어서 이대로 두면 친북 좌파 장기집권 체제가 되어 나라가 망할 것이라는 두려움…. 충분히 할 수 있는 생각이고 생길 수 있는 우려다. 입장을 바꿔보면 진보 진영도 반대의 생각과 우려를 늘 해오고 있었다. 독재, 친일, 재벌 및 기득권의 부당하고 불공정한 지배와 이익 공고화, 차별의 구조화 등….

　　문제는 방법과 수단, 절차다. 누가 어떤 생각과 믿음, 걱정과 두려움을 가지고 있건 이를 표현하거나 달성 혹은 방지하려는 시도는 모두 법과 절차, 질서, 원칙의 준수 속에서 이루어져야 한다. 적어도 '보수'의 가치와 정체성을 표방하는 개인이나 집단이라면 말이다. 더구나 그 법과 절차와 질서 체계 및 원칙은 대부분 보수 학자, 법률가, 관료, 정치인 혹은 정당에 의해 만들어진 것이다. 이 법과 질서는 수십 년간 억울함, 부당함, 절박함, 불안, 두려움을 호소하는 시민, 학생, 노동자들에게 적용되고 집행되고 강요되어 오던 것들이다. 이러한 기본적 '상식'에 현대 인류가 공유하고 공감하고 있다. 보수가 '법질서'를 공식적, 공개적으로 포기한다는 것은 '보수의 정체성과 본질을 버리겠다'는 선언으로 봐야 한다. 문재인 정권을 타도하고, 좌파 독재를 중단시키며, 친북 사회주의 정당의 장기집권을 좌초시키겠다는 '숭고한 목적'을 위해 불법과 폭력, 무질서의 방법을 선택하겠다는 건 집단적 '자살 테러'와 같은 결정이다.

아무런 고민 없이 상대를 공격하는 것,
그 초조함이 빚은 비극

일부에서는 자유한국당의 이런 모습과 행태를 보고 '극우 집단화' 했다고 분석했다. 자유한국당의 당시 일련의 행태들은 유럽의 '신 나치' 혹은 '민족주의, 국가주의 정당' 등 소위 '극우 정당'들의 모습과 유사했다. 하지만 당헌·당규 및 정강의 내용들은 '보편적인 대중 정당'의 틀을 유지하고 있었다(국민의 힘으로 명칭을 바꾸고 난 뒤에도 특별히 달라졌다는 징후는 없다). 다시 말해 이념 및 정책 면에서 이민 반대, 외국인 차별, 성소수자 차별 등 폐쇄적 국수주의 극우를 표방하는 상황은 '아직' 아니다. 보수 정치의 기본 가치인 자유, 안보, 친 기업을 대표한다고 주장한다. 그리고 여전히 중도 성향의 시민에게까지 손을 내밀고 지지를 호소하고 있다. 하지만 자유한국당은 가장 핵심적 가치인 '법과 질서'를 포기하고 짓밟으며 폭력과 난동 수단에만 의존했다. 이것은 국회의 회의나 입법 혹은 공론의 장에서 토론을 하는 '합법적 정치 활동'을 통한 이념 추구와 정책 실현 노력을 포기한 것과 마찬가지다. 그리고 그 뒤를 이은 국민의 힘 역시 이러한 자유한국당의 태도나 입장과 단절하겠다는 특별한 선언이나 발표를 한 적이 없다. 그러다 보니 실제 사회의 자유 수준을 높이거나 안보를 강화하거나 기업의 자유와 성장에 도움이 되는 '결과'를 전혀 만들어내지 못하고 있다.

지금은 보수 정당, 보수 정치로서의 기능이 완전히 중단 내지 실종된 상태다. 이러한 문제의 원인은 현실을 정확하게 인식하고 과오를 인정한 뒤 원인을 분석해서 정면으로 대응해 위기를 극복해내려는 '용기'의 부족 때문이다. 그리고 그 용기의 부족이 야기한 퇴행적, 병리적, 일탈적 행태의 지속적 악화가 그 원인이라고 볼 수 있다. 자신들의 잘못으로 인해 두 명의 전직 대통령은 부정부패, 국정농단의 혐의로 재판을 받고 있고, 국민들의 사법부에 대한 신뢰도 붕괴되었다. 최대 80%에 이르는 국민들에게 외면받은 냉엄한 '현실'을 그들은 결코 받아들이려 하지 않는다. 오히려 '너희도 마찬가지야'라는 태도로 정부 여당의 흠집을 찾고 공격하기에만 바쁘며 여기에 모든 것을 걸고 있다. 그 과정에서의 초조함이 결국 '법질서' 포기라는 심각한 자해 행위로 이어지고 말았다.

　　차분하고 합리적인 '보수다운 방식'으로 문제를 제기하고 정상적인 국회 의정활동 등을 통해 정부를 비판해왔다면 어땠을까. 검찰의 수사와 언론의 보도가 시너지 효과를 일으켜 정부와 여당에 더 심각한 타격을 입혔을 수도 있었을 것이다. 하지만 오히려 자유한국당의 망동과 난동이 정부 여당의 문제 해결과 위기 탈출의 시간, 그리고 기회를 만들어줬다. 그들의 난동이, 민주당 등 진보정치 세력의 쇄신과 혁신에도, 그리고 시민들의 삶에도 결코 도움이 되지 않는 상황이 이어졌다. 지금의 여야, 보수 진보 양측 모두가 국민의 외면과 신뢰 상실이라는 심각한 상황에 처하게 된 이유다.

보수 정치의 부활,
진보를 무너뜨린다고 달성되지 않는다

어떤 국가와 사회든 보수와 진보, 중도 같은 정치적 사상뿐 아니라 환경 등 다양한 이슈 중심의 정치 세력들이 경쟁하며 견제와 균형을 이루어야 고인 물에서 썩지 않고 지속가능한 성장을 할 수 있다. 과거 군사 독재와 정경언검 유착 등 불공정하게 '기울어진 운동장'에 의존해 패권적인 기득권을 유지해온 한국 보수 정치는 박근혜 전 대통령 탄핵을 계기로 급격히 와해되었다. 보수 정치의 핵심 가치마저 내팽개

친, '보수가 사망한' 현 상황은 대한민국과 국민 모두에게 바람직하지 않은 상황이다. 보수 정치의 부활 내지 재탄생은 필수다. 그런데 여전히 한국 보수 정치는 철 지난 색깔론인 매카시즘(McCarthyism)과 과거 여당 때 진보 야당이 자신들을 향해 사용했던 공격 수법과 표현을 그대로 가져와 상대방 때리기에만 급급하다. 그사이 개별 보수 정치인들은 지금 당장의 이해와 권력, 유불리만 좇아 유력자 밑으로 줄을 서며 이합집산하고 있다. 그들은 구태에 의존하는 영혼 없는 '좀비 정치'를 지속하고 있다. 국민의 기대에 부응하지 못하는 현재 정권의 잘못과 실책에 대한 비판이 거센 상황이지만, 대통령 후보에 대한 여론조사에서 10% 이상의 지지를 받는 보수 정당 정치인은 단 한 명도 나오지 않고 있다. 이것이 보수 정치 사망의 가장 대표적인 예이다.

전임 여당 시장의 성추문 등으로 인해 치러지는 서울과 부산 시장 보궐선거를 앞둔 보수 야당과 그 후보자의 전략과 주된 구호를 살펴보자. 그들의 전략은 자신들의 정책과 비전이 아닌 '여당에 대한 미움을 우리를 통해 해소하세요'라는 낯 뜨거운 내용이 주를 이루고 있다. 심지어 그동안 '새

정치'를 표방하며 그들을 구태 보수 정당 및 정치 세력으로
규정하고 타도와 해체를 주장하던 안철수 국민의당 대표,
금태섭 전 민주당 의원 등과의 '후보 단일화'에 명운을 거는
부끄러운 모습마저 보이고 있다. 성향이나 지향, 이념 및 정
책이 완전히 다른 후보인데도 말이다.

　도대체 대한민국의 보수 정치는 무엇이고, 무엇을 지향
하며, 어떤 원칙을 지켜나가려고 하는 것인가. 보수 정치가
결코 타협하거나 양보할 수 없는 가치는 무엇인지에 대해
우리 국민은 아직 모르고 있다. 반공을 외치는 줄 알았는데
자신들이 필요할 때는 북한과 뒷거래를 한다. 민족과 애국이
절대 가치인 줄 알았는데 눈앞의 이익을 위해서는 일제 강
점기를 미화하고 애국지사 후손이나 강제징용 혹은 일본군
위안부 피해자들의 피눈물을 흘리게 하는 언행을 서슴지 않
는다. 국방을 중시한다고 하지만 막상 그 정치인들의 자식
들은 병역 기피자들로 수두룩하다. 자유를 숭상한다면서 약
자와 소수자의 자유와 권리, 자신들을 비판하는 표현의 자유
에는 전혀 다른 태도를 보인다. 다만 한 가지 분명한 것이 있
다. 문재인, 진보, 좌파, 민주화 운동권에 대해서는 싫어하다

못해 혐오한다는 것이다.

　진보가 망가지고 실수하고, 잘못하고 욕을 먹는다고 해서 자동적으로 보수가 살아나고 회복되지는 않는다. 2017년에 이를 악물고 결행했던 바른 정당의 보수 혁신 시도, 기득권에 안주하고 낡은 수구 냉전 논리에 기생하길 거부하는 보수의 혁신, 재탄생 시도는 다시 일어나야 한다. 만약 혁신을 하지 않는다면 현 진보 정권과 집권 여당이 정신을 차리고 내부의 곪은 부분을 과감히 도려내고 중도와 합리적 보수층의 신뢰를 되찾아야 한다. 그 순간, 지금의 보수 정당은 과거 0.5% 지지율의 나락으로 떨어진 새누리당의 처지가 되어 세상에서 사라져버릴 수도 있다. 보수 정치의 역사와 현실에 대한 냉정하고 엄격한 성찰, 이를 통한 용기 있는 헌신을 결의하는 보수 정치인들의 진지한 노력을 시대가 기다리고 있다.

보수 정치의
몰락을 가져온

'세 개의 깨진 유리창'

1:29:300 법칙으로 잘 알려진, '하인리히 법칙'은 "한 명이 사망하는 사고가 발생하기 전에 같은 문제로 평균 29건의 부상 사고가 일어나고, 그 전에 역시 같은 문제로 300건의 경미한 사고들이 발생한다"는 사실을 사례와 통계로 입증했다. 아무리 사소하거나 경미해 보이는 사고나 문제라 해도, 그냥 방치하고 무시하면 큰 사건이나 재해를 초래할 수 있다는 교훈을 주는 법칙이다. 하인리히 법칙을 받아들인 산업재해, 보험, 경영, 행정 분야 등에선 대형 사고나 재해 예방을 위해 위험 징후로 간주되는 작은 문제나 사건에 '빨간 깃발'을 표시하고 관리하는 시스템을 도입했다. 범죄학에선 1980

년대 "사소한 불법이나 범법을 방치하면 강력 사건과 심각한 무질서가 초래된다"는 '깨진 유리창 이론'이 소개되었고 각광을 받았다.

미국 범죄학자 윌슨과 켈링의 실험으로 입증된 '깨진 유리창 이론'은 만성화된 범죄로 도시 부도 직전까지 내몰렸던 뉴욕 시에 도입되어 치안을 높이는 데 큰 효과를 발휘했다. 뉴욕 지하철경찰국에서 경범죄와 무질서 행위를 집중 단속하자 절도와 강도 및 폭력과 살인을 포함한 전체 범죄율이 급감한 것이다. 지하철 이용객과 관광객이 늘고 경제가 활성화되는 엄청난 성과도 거두게 되었다. 뉴욕 시는 이를 '범죄 무관용 원칙'으로 명명한 뒤 시 전체에 적용해 도시 전체가 활력을 되찾는 기적을 연출해냈다.

2020년 4월 15일 국회의원 총선거에서 참담한 패배를 하고 '보수 궤멸론'까지 언급되었던 당시 미래통합당의 비극 역시 '하인리히 법칙' 및 그와 궤를 같이 하는 '깨진 유리창 이론'으로 설명이 가능하다. 참담한 재난을 예고하는 징후, 방치된 채 더 큰 문제를 부르는 '깨진 유리창'들이 보수 정치와 정당에 널려 있었지만 그 누구도 아무런 조치도 취하지 않고 방치해두고 있었던 까닭이다.

깨진 유리창 하나 : 일베의 놀이터

2012년 12월 14일 당시 새누리당 대변인은 '일베 사이트에 대한 디도스 공격' 관련 공식 논평을 통해 "일간베스트는 순수 네티즌들이 자발적으로 자신의 의견을 피력하는 공간으로 유명하다"며 "인터넷과 SNS를 이용해 자신들에게 불리한 여론을 최대한 차단시키려는 모종의 세력이 이러한 일을 벌인 것은 아닌지 의심된다"고 주장했다. 또한 2013년 5월 새누리당이 박근혜 대통령 취임 100일을 맞아 발간한 당보에서 "민주당은 계속 일베와 싸우십시오! 새누리당은 일자리를 위해 싸우겠습니다"라며 '일간베스트 저장소'의 약칭인 '일베'란 단어를 공식적으로 언급해 파문이 일었다. 이후 자유한국당, 미래통합당, 국민의 힘으로 이름을 바꾼 보수 정당은 단 한 번도 공식적으로 일베 문제를 지적하거나 일베와의 단절을 선언한 적이 없다. 오히려 이명박·박근혜 정권하에서 국정원을 통해 일베를 '청년층 우경화'의 도구로 삼아 지원한 정황이 드러나기도 했다. 2020년 4·15 총선 참패의 원인 중 하나로 지목되는 '막말'의 근원지 역시 일베였다. 민주주의, 민주화, 5·18 민주항쟁, 세월호 피해자, 여성, 성소수자, 성폭력 피해자 등을 폄하하고 조롱하고 차별하고 혐오하고 모욕하는 표현과 주장, 그리고 말도 안 되는 논리가 일베의 주된 콘텐츠다. 정치권 내에서는 이론이나 근거가 부족한 보수 정치인이나 논객들이 주로 일베에서 자신들에게 필요한 자료나 논리를 찾아 활용한다는 이야기가 팽배했다. 2015년 11월 경찰이 쏜 물대포를 맞고 쓰러진 백남기 농민 사건과 관련한 국회 행안위 회의에서 새누리당 의원들이 내세운 '빨간 우의 남자' 주장 역시 그 출처가 일베였다. 2018년 지방선거 참패의 원인 중 하나로 꼽히는 나경원 당시 원내대표의 '달창' 발언도 일베 용어의 무분별한 사용이 초래한 참사였다.

4년간의 국회 의정활동 중 어이없는 성소수자 혐오, 5·18항쟁 폄하, 세월호 피해 유가족에 대한 모욕 발언을 내뱉는 상대 당 의원들을 마주하며, 내가 보수 정당 국회의원들이 아니라 '일베'와 논쟁을 벌이고 있다는 참담한 심정을 느낀 적이 한두 번이 아니었다. 특히, 총선 직전 불거진 소위 'n번방 사건'의 주범 조주빈을 비롯한 가담자 다수는 일베 회원이었다. 26만 명으로 추정되는 n번방 회원들의 행태가 일베식이고, 그들의 가치관과 세계관이 일베적이라는 지적들이 제기되면서 일베를 끌어안아온 보수 정치 세력에 대한 시민들의 감정은 부정적으로 변해갔다. 가장 대표적인 사례로 경기 용인 정 선거구 미래한국당 김범수 후보의 일을 들 수 있다. 초·중반까지 여론조사에서 대등 내지 우세로 기치를 올리던 김범수 후보에게 '일베 악재'가 터진 후 선거 판세는 급격히 반대쪽으로 기울었다. 김 후보가 사장이자 발행인으로 있던 〈미래한국〉이라는 잡지에서 '일베가 대한민국을 통치한다'라는 제목의 기사를 통해 일베를 옹호하고 극찬까지 한 사실이 선거 5일 전인 4월 10일, 언론을 통해 보도되었다. 그 후 김 후보는 10% 차이로 선거에서 대패했다. '미래통합당 일베 후보' 사건은 용인을 넘어, 일베식 세월호 사건에 대한 차명진 후보의 막말, 김진태 후보 캠프의 세월호 현수막 훼손 사건과 함께 전국에 영향을 끼쳤다. 결국 보수 정당은 '일베의 놀이터'라는 깨진 유리창을 방치한 대가를 이번에 혹독하게 치르게 되었다.

깨진 유리창 둘 : 매카시즘의 유혹

2019년 법사위 국감장에서 나는 자유한국당 의원들의 무분별한 이념몰이, 색깔론 '매카시즘' 문제를 지적하는 발언을 했다. 이에 장제원 의원은 "표창원 의원으로부터 매카시즘 강의를 벌써 네 번째 듣고 있습니다"라고 응답했다. 사실 장 의원은 네 번이라고 했지만, 나는 독립유공자 김원봉 장군을 색깔론으로 공격하며 폄하하던 김진태 전 의원, 교육문화위원회 교육부 장관 인사청문회에서 후보자를 '좌파', '사회주의'로 몰아붙이던 전희경 전 의원에게도, 매카시즘 중단을 요구하며 훨씬 더 자주 이념몰이를 지적했다. 보수 정치인들이 추앙하는 박정희 전 대통령은 남로당 연루 혐의로 무기징역 형을 선고받았고, 이 때문에 1963년 대통령 선거에서 '공인된 공산주의자', '좌익', '빨갱이' 등으로 공격당하자 주요일간지 1면 광고를 통해 '낡은 매카시즘적 수법'을 폐기하자고 요구했다는 사실도 알려주었다. 그러자 그들은 입을 닫았다. 하지만 그때뿐이었다.

우리 사회의 대표적 시민단체인 참여연대, 2대 변호사 단체인 '민변'을 좌파, 종북, 사회주의로 몰아붙이고, 법원 내 공인된 연구 모임인 '우리법 연구회', '국제인권법 연구회' 역시 '좌파'라며 공격했다. 과거 대표적인 야당 정치인 김대중을 간첩으로 몰고, 5·18 민주화 시민 항쟁을 '북한 특수군 개입 좌익 내란 음모'로 조작해 여론을 왜곡하는 데 성공했던 보수 정치 세력은 마약 같은 매카시즘의 유혹에 중독되어 있다. 자신들에게 비판적이거나 진보 진영과 가깝다고 판단되는 모든 사람이나 단체, 언론을 좌파, 사회주의, 종북으로 규정하고 비난하고 공격했다. 2016년 20대 총선 직전에는 중국 내 북한식당인 '류경식당' 여성 종업원 13명을 데려오자마자 이례적으로 공개하며 '집단 탈북' 사건을 이슈화시키고 진보 정당과 정치인들에 대한 '종북 프레임' 씌우기 매카시즘 공격을 감행했다.

지난 1987년 12월, 제13대 대통령 선거 전날 대한항공

폭파범 김현희를 무리하게 입국시켜 큰 덕을 본 보수 집권 세력은 1997년 제15대 대통령 선거 직전 한나라당 이회창 후보 당선을 위해 '총풍'이라는 역사적 망동을 저지르다가 실패해 대망신을 당하기도 했다. 오정은 청와대 행정관 등이 북한 아시아태평양평화위원회 박충 참사를 만나서 '휴전선에서 남측을 향해 총을 쏘는 무력시위를 해달라'며 돈을 건네다 거절당한 이 사건의 주범 세 명은 2003년 대법원에서 국가보안법상 회합 통신 혐의 유죄 확정판결을 받았다. 이후 2010년 지방선거에선 천안함 폭침을 이용한 매카시즘 공격을 펼쳤지만 오히려 역풍이 불어 패배하고 말았다. 지나치고 반복된 보수 정당의 매카시즘 종북몰이 색깔론에 청·장년층은 염증을 느꼈고 외면했다. 그럼에도 불구하고 보수 정치 세력은 6·25 한국전쟁과 이후 냉전을 겪으며 뼈에 사무치는 반공과 북한 공산주의에 혐오 정서를 가진 노년층에게 효력을 발휘하는 강력한 매카시즘의 유혹을 떨쳐내지 못하고 있다.

특히 2020년 4·15 총선에서 보수 정당은 코로나19 사태를 이용해 북한 대신 중국을 내세워 '신 매카시즘', '종중론', '중국의 시녀', '사회주의식 마스크 보급' 등의 색깔론 이념 공세를 퍼부었다. 하지만 대한민국 부유층의 집결지인 서울 강남 갑 미래통합당 후보로 북한의 특권층 출신 태구민(태영호)을 공천했고 '박정희 남로당'과 같은 '역 매카시즘'의 덫에 빠져 자기모순의 늪에서 허덕여야 했다. 북한 공산주의 독재체제하에서 핍박을 받다가 자유를 찾아 목숨을 걸고 대한민국을 찾은 대다수 탈북자들은 생활고에 시달리고 있다. 그런데 공산당 지배 계급으로 특권을 누린 태영호를 다시 대한민국 특권층으로 만들겠다고 하니, 보수 정치 세력을 향한 중도와 합리적 보수층의 눈길은 싸늘했다. 과거 새누리당은 탈북인사 조명철을 비례대표 의원으로 국회에 입성시킨 적이 있다. 하지만 대한민국 자유민주주의 체제와 자본주의 사회에 적응하지 못한 그의 발언 및 이미지 때문에 어떤 효과도 보지 못했다. 그들은 이 과거를 잊은 듯했다. 시민들의 비판과 풍자에 대해 미래통합당은 '탈북인사에 대한 차별과 혐오'라며 격앙된 반응을 보였다. 대한민국 내 진보 인사에 대한 매카시즘적 차별과 혐오를 지속적이고 집요하게 해온 보수 정당과 보수 정치 세력의 적반하장 격 대응에 강남을 제외한 수도권 민심은 결국 등을 돌리고 말았다.

깨진 유리창 셋 : 종교의 정치화

2019년 3월 20일, 황교안 자유한국당 대표가 기독교계 내부에서조차 논란의 대상인 한기총을 방문해 전광훈 목사와 함께 충격적이고 노골적인 '2020년 4·15 총선 개입 발언'을 주고받았다. 그 순간 어쩌면 보수당의 궤멸적 참패는 예고되었는지도 모른다. 각종 방송사가 뉴스 보도를 위해 촬영을 하던 이 자리에서 전 목사는 "총선에서 자유한국당이 200석을 얻지 못하면 저는 개인적으로 이 국가가 해체될지도 모른다는 그런 위기감을 가지고 지금 한기총 대표회장을 진행하고 있습니다"라는 믿기 힘든 발언을 거침없이 내뱉었다. 그러자 황 대표는 이를 제지하거나 무마하기는커녕, "우리 자유한국당을 위해서도 많이 기도해주시고 또 필요하면 같이 또 행동도 모아주시고…"라며 정치적 개입을 '행동'으로 옮겨줄 것을 주문했다. 두 사람은 이후 광화문 광장 반정부

시위 현장 단상에도 함께 오르는 등 과격한 '아스팔트 보수'를 선동하고 지지하는 행보를 계속해나갔다. 보수 정당과 보수 기독교 세력의 '위험한 동맹'은 저 멀리 이승만 정권의 서북청년단과 박정희 정권의 최태민 목사로 거슬러 올라간다. '서울을 하나님에게 바치겠다'고 선언했던 이명박 정권에서는 '명품타임라인'이라는 트위터 아이디로 활동했던 윤정훈 목사의 속칭 '십알단(십자군알바단)'이 국정원 및 군 사이버사령부와 함께 여론 조작의 한 축을 차지했다.

정치권력과 손잡은 종교는 극단적으로 세속화 및 정치화의 길을 걸을 수밖에 없다. 이것은 곧 '종교 타락'으로 이어진다. 반대로 특정 종교 집단과 유착한 정치 세력은 타 종교 내지 비신자들에게 반감과 이질감을 불러일으키는 '깨진 유리창'을 만들게 된다. 황교안 대표의 지나친 기독교 편향은 급기야 불교 사찰에서의 '합장 거부' 결례 사건, 살생과 육식을 금하는 불교 조계종에 육포를 선물로 보내는 무례로 이어졌다. 이 사건은 합리적인 청·장년 기독교인들까지도 자유한국당을 외면하게 되는 결과를 초래했다. 그 후 4·15 총선에서 자유한국당은 심각한 득표 손실을 자초했다.

깨진 유리창에 대응하는 보수의 두 가지 모습

이렇게 '깨진 유리창'들이 방치된 정당에선 원칙과 규범이 무너지게 되고 막말과 기행 및 각자의 이익을 챙기려는 행동과 세력 다툼 등의 혼란과 무질서가 연쇄적으로 발생하기 쉽다. 중도와 합리적 보수층의 외면을 부른 황교안 대표의 삭발과 단식 그리고 집회 및 시위 등의 장외 투쟁과 연이은 국회 보이콧과 파행, 몸싸움 등이 이에 해당한다. 소위 '탄핵의 강'을 제대로 건너지 않은 채 총선 승리만을 위해 서둘러 통합한 미래통합당 내 비박계 바른정당 계열 복당파 의원들과 친박계 자유한국당 계열 의원들 사이의 묵은 감정과 갈등 역시 리더십과 규범, 원칙이 지켜지는 상태였다면 봉합 내지 무마될 수 있었다. 하지만 '깨진 유리창'을 방치하고 있었던 미래통합당은 결국 총선 기간 중 공천 파동과 극심한 분열 양상을 보이며 스스로 무너졌다. 향후 국민의 힘으로 이름을 바꾼 한국 보수 정당이 과거의 참담한 패배와 몰락을 부른 '깨진 유리창'들을 찾아 보수하고 품격과 역량을 갖춘 '진정한 보수 정당'으로 다시 태어날 수 있을지 지켜볼 일이다.

　그런데 그동안은 두 가지 상충된 모습을 띠었다. 하나는 김종인 비상대책위원장을 중심으로 광주 5·18 묘역을 찾아가 무릎을 꿇고 눈물 흘리며 과거 군사독재세력을 중심으로 한 보수 집단의 잘못을 반성하고, 이명박·박근혜 두 전직 대통령의 국정농단 범죄에 대해 사죄하는 등 '보수 재건'을 향한 노력이다. 또 하나는, 반성과 혁신보다는 오히려 무책임한 선동으로 돈벌이에 나선 '극우 유튜버'들에게 휘둘리는 일부 정치인의 모습이다. 이들은 우리나라의 '사전투표 조작 음모론'은 물론 미국 대선 '선거조작' 음모론까지 퍼트리며 또 다른 깨진 유리창을 만들고 이를 확대해나가는 자기 파괴적인 모습을 보이고 있다. 만약 국민의 힘이 적극적 지지 세력의 저항에 두 손 들고 법과 질서의 가치를 버린 채 극단적 주장과 음모론에 의존하는 길을 택한다면, 일부의 전망처럼 민생당의 전철을 밟아 TK 지역정당으로 축소된 뒤 소수 극우정당으로 남거나 소멸해버릴 것이다. 그럴 경우 더불어민주당이 보수 정당 자리를 차지하는 미래가 열릴 수도 있다.

죄수의 딜레마?

정치인의 딜레마!

공범 A와 B가 체포되어 서로 분리된 채 심문을 받는다. 서로를 믿고 추가범행을 진술하지 않으면 둘 다 징역 1년 형을 선고받게 될 것이다. 그런데 A가 공범 B의 여죄를 털어놓으면 수사에 협조한 대가로 6개월 감형이라는 선처를 받게 된다. 물론 공범 B의 형량은 세 배, 징역 3년으로 늘어난다. 만약에 A와 B 모두 상대방을 믿지 못하고 서로의 추가 범행이나 관련 증거가 있는 곳을 털어놓을 경우, 둘 다 추가 형량과 감형이 이루어져 징역 2년 형을 선고받게 된다. 공범 A와 B 모두에게 가장 이익이 되는 선택은 서로를 믿고 입을 다무는 것이고, 최악의 선택은 서로를 불신해 각자 상대방의 여죄를 털어놓는 것임이 자명해 보인다. 그런데 정치사상범 등 특수 경우를 제외하고, 대부분의 경우 상대방을 믿지 못해 서로 공범의 여죄를 털어놓는 선택을 하게 된다. 1950년 메릴 플로드와 멜빈 드레셔가 정리하고 제시한 이 '게임 이론'의 핵심은 한 사람에게는 최선, 다른 사람에게는 최악의 결과를 만들어내는 '나만 털어놓고 상대방은 나를 믿고 입 다무는' 이기적인 선택의 가능성에 있다. 특히 서로 소통과 협력을 하지 못하는 분리, 격리 상태와 형사의 회유가 그 '가능성'을 극대화시킨다. 2001년 강원도 고성경찰서에 강도 혐의로 체포된 세 공범의 거짓 진술은 '죄수의 딜레마' 효과가 극대화된 사례로 볼 수 있다. 그들은 분리되어 신문을 받다가 실제로는 일어나지도 않은 살인 사건에 대해 다른 공범이 저질렀다고 서로 경쟁적으로 진술했다. 1심에서 살인 공범으로 유죄 판결을 받은 이들은 결국 항소심에서 이전 자백이 허위임이 드러나 무죄 판결을 받았다. 이렇듯 없는 죄도 만들어 뒤집어씌우는 예외적 상황이 아니라면 '죄수의 딜레마'로 인한 범죄 혐의의 입증과 그에 따른 처벌 강화는, 해당 범죄자들이 아닌 사회 전체를 위해서 바람직한 결과를 만들어낸다.

하지만 범죄의 추가 발견과 처벌 강화가 걸린 '죄수의 딜레마'가 아닌, 사회 공익이 걸린 '정치인의 딜레마' 상황에서는 어떤 선택이 이루어졌을까? 죄수, 피의자들과 달리 소통과 협력을 통해 모두에게 최선의 결과를 줄 수 있는 선택이 가능한 정치인들은 과연, 범죄 피의자들과 다른 선택을 했을까?

선거법 위반과 선심성 공약, '후보자의 딜레마'

상대 후보에 대한 비방, 모욕, 명예 훼손, 자신의 이력이나 학력, 업적 등에 대한 허위사실 공표, 전화번호 등 불법 개인정보 수집, 유사 선거사무소나 용역 등을 이용한 무차별 불법 문자 발송이나 온라인 댓글, SNS 여론 조작, 유권자나 단체 관계자에게 선물이나 금품 식사 제공, 불법 선거자금 수수…. 여기까지 열거한 일들이 선거 때마다 반복되는 선거법 위반 정치 범죄의 행위들이다. 2020년

4·15 총선이 끝나고 수많은 '선거사범'들에 대한 수사와 재판, 처벌 소식들이 들려온다. 왜 같은 범죄들이 반복될까?

5년 전, 아무런 준비도 없이 갑자기 총선 지역구 후보로 나서게 된 뒤 나의 선거캠프로 찾아온 사람들 중에는 참 위험한 사람들이 많았다. 선거 장비 물품을 계약하면 이중장부를 마련해 선거 비자금을 만들어주겠다는 사람, 이동용 저장장치(USB)를 들고 와 그 안에 '지역 유권자 수만 명의 연락처가 있다'며 거래를 요구하는 사람, 회원이 수천 혹은 수만 명인 동호회나 연합회, 교회 혹은 향우회 지지를 확보해주겠다며 접근하는 사람, 상대 후보의 약점이나 확인되지 않은 루머를 퍼트려주겠다는 사람, 자신에게 현금을 맡겨주면 자원 봉사자 식사 대접 등의 불법을 대신 해주겠다는 사람…. 나의 단호한 거절에 수긍하고 돌아간 사람들이 대부분이었지만 일부는 지금까지도 나를 비방하고 다닌다. 이들 혹은 이들을 소개하고 연결해준 사람들의 논리는 같았다. "상대방도 하는 일이고, 선거 때마다 해오던 일인데 당신 혼자만 안 하면 질 수밖에 없다", "걸릴 우려도 없거니와 걸린다고 해도 후보에게 책임이 가지 않게 할 것이다".

선거 후 의원들과 이야기를 나누며 상당수 지역에서 이런 일들이 이루어지고 있음을 알게 되었다. 많은 후보들이 검은 유혹을 떨치고 단호하게 거절하지만, 또 많은 후보들은 그렇게 하지 못하기도 한다. 특히, 선거가 박빙이거나 상대 후보에 비해 뒤처지는 여론조사 결과가 나오는 후보들에게 이런 유혹은 더 크게 작용한다. 상당히 많은 지역에, 선거 때마다 이쪽저쪽 후보들을 찾아가 후보들의 불안한 심리를 이용, 달콤한 유혹과 악마의 계약을 제시하며 이익을 챙기거나 후보들의 코를 꿰어놓는 '선거브로커'들이 존재한다. 천문학적인 선거 비용 중 일부를 이들은 부당하게 혹은 부정하게 챙기기도 한다. 당선된 후보에겐 검은 유혹에 대한 '폭로·제보 가능성'을 인질로 삼아 지방선거 후보 추천, 금품 요구, 지역 이권, 인사 청탁, 입법 로비 등을 행하기도 한다. 그들 중 일부가 제보 등을 통해 단속되고 처벌을 받는다.

공약도 마찬가지다. 이익 집단이나 유력자들은 선거철마다 후보자들을 찾아가 자신들이 원하는 공약을 포함시켜 달라고 요구한다. 지하철 연장, 도로 건설, 임대주택 없는 아파트 단지 건설, 특정 지역 개발 등…. 그중엔 실현 불가능하거나 윤리적, 도덕적으로 바람직하지 않은 공약들도 있다. 실현되지 않더라도 선거 공약이 되었다는 이유만으로 그 지역의 부동산 가격이 상승하거나 거래가 활성화되는 등의 '효과' 내지 '부작용'이 발생하기도 한다. 그래서 덜컥 공약으로 내걸었다가 4년 내내 약속을 지키라는 시달림을 받거나, 불의의 피해자가 생기게 되어 죄책감을 느껴야 하는 경우도 있다. 하지만 다른 후보들이 내세우는 공약을 거부하거나 누락시켰을 때 표를 잃고 선거에서 질 것이 두려운 후보들은 너도나도 무분별하게 같은 약속을 한다. 후보들의 불안 심리를 너무나 잘 아는 이익집단이나 유력자들은 선거 때마다 '후보자의 딜레마'를 이용해 자신의 이익을 챙긴다.

내로남불 부끄러운 정치, '여야 정당의 딜레마'

20대 국회의 최대 유행어는 아마 '내로남불'이었을 것이다. 임기 중 여야가 교대되면서 같은 정당, 같은 의원들이 2017년 5월을 기점으로 갑자기 그 역할을 교대했다. 여당이었다가 야당이 된 보수 정당 및 정치인들은 과거 진보 야당이 사용하던 방식과 표현과 행동을 그대로 차용하면서 무조건 반대하고 발목을 잡고 음모론을 펼치며 정부 여당을 공격했다. 야당이었다가 여당이 된 진보 정당과 의원들은 직전 보수 여당 정치인들과 유사한 논리와 주장으로 정부와 청와대를 지키고 방어했다. 과반을 넘는 압도적 다수 여당 시절, 법안 날치기 처리와 국회의장 직권상정을 일삼고, 이에 맞서 온몸을 던져 물리력으로 저항하던 소수 야당의 몸부림을 '국회 폭력', '동물 국회', '낯부끄러운 후진 정치'로 공격하던 보수 정당 의원들은 자신들이 소수 야당이 되자 의장실을 점거하고, 물리력을 동원해 회의실을 봉쇄하고, 동료 의원을 감금하고, 의안과 등 국회 사무처를 장악했다. 그리고 그것도 모자라 국회 직원을 폭행해 전치 12주의 중상을 입히기도 했다. 전광훈 등 정치적인 종교 세력, 친박 보수단체 등과 연합해 광화문 광장과 청와대 인근 도로 등을 무단 점거하고 주변 주택과 상가, 학교 등에 피해를 계속 주며 불법 집회를 지속했다. 온라인상에서는 온갖 허위, 비방, 음모 게시물을 올리고 문자와 카톡 등으로 이를 사람들에게 유포했다.

그 과정에서 이들이 외친 구호는 '독재 타도', '민주주의' 등 자신들을 향해서 과거 소수 야당이나 시민들이 외치던 것이었다.

반면에 과거 보수 정권이 저질렀던 표현의 자유 탄압을 비판하고, 집회 시위를 주도하며 공권력의 강경 대응에 온몸으로 저항하던 집권 진보 정당과 정치인들이 '국가원수 모독죄', '내란 음모, 선동', '가짜뉴스 처벌', '불법 집회 엄단' 등을 입에 올리고 다수의 힘으로 야당의 반대를 무력화시켰다. 사실 이런 내로남불의 후진 정치, 폭력 국회, '여야 정당의 딜레마'가 쳐놓은 덫에서 벗어나기 위해 소통하고 협력해서 만든 것이 소위 '국회 선진화법'이다. 하지만 그 입법 취지와 정신은 어디론가 사라져버리고, 규정과 문맥을 최대한 이용하거나 회피할 꼼수 찾기 경쟁에 몰입하더니, 급기야 국회법 자체를 무시하고 위반하는 과거 상태로 회귀해버리고 말았다.

고위공직자 인사청문회 역시 마찬가지다. 지금 정부 여당은 장관 등 고위공직 후보자 찾기가 하늘에 별 따기보다 어렵다고 한다. 인사청문회에서 30~40년 전에 있었던, 본인도 기억하지 못하는 과거의 문제가 드러나거나 배우자·자녀, 친·인척의 학교생활과 사생활까지 다 공개되기도 하고, 심지어 허위 사실까지 제시되어 비인간적인 공격과 비난에 시달리게 되니, 추천 대상자마다 손사래를 치기 때문이다.

사실 지금의 야당은 여당 시절에 지금의 여당과 같은 입장에 처해 있었다. 그래서 앞으로는 본인과 가족의 도덕성이나 사생활 문제는 비공개 청문회에서 검증하고, 이를 통과한 후보자를 대상으로 공개 정책 청문회를 하자는 합의가 모아졌고 개정법안도 제출되었다. 그러나 이 법안은 자기들만 손해보고 상대방만 수혜를 입을 것이라는 불신, '정당의 딜레마'로 인해 4년 내내 잠만 자다가 20대 국회 만료와 함께 자동 폐기되었다. 이명박, 박근혜 두 전직 대통령이 모두 구속되고 재판을 받으며 무거운 형량이 선고되는 불행한 현실 앞에서 모든 정당과 다수 정치인들은 '제왕적 대통령제도 개혁' 및 '정치 개혁'을 위한 '개헌'을 외쳤다. 그리고 국회에서는 개헌특위를 구성했고 정부에선 개헌안을 마련해 국회에 발의했다. 그러나 결국 모두 물거품이 되었다. 서로의 의도와 진정성을 믿지 못한 채 불신의 늪에 깊이 빠진 정당과 정치인들은 결국 대화와 소통과 협상이라는 '정치'를 포기하고, 상대방 비난과 공격이라는 '싸움'을 택했다. 마치 서로를 믿지 못해 각각 징역 2년이라는 최악의 선택을 하는 '죄수의 딜레마' 속 범죄자들처럼 말이다. 상대방은 승리하고 자신은 쓰라린 패배를 맛보게 될 상황을 피하기 위해 모두에게 똑같이 피해를 주는 파행, 무산, 물거품을 택한 것이다.

이런 모습은 20대 국회 내내 발생했고 21대 국회에서도 그대로 이어지고 있다. 연동형 비례대표제 도입을 포함한 선거법 개정을 추진하자던 여야 정당 원내대표들의 서명이 담긴 합의서는 한 정당의 의원총회에서 추인을 받지 못해 휴지조각이 되어버렸다. 결국 제1야당이 불참한 채 범여권이 힘으로 밀어붙인 선거법 개정안은 21대 총선에서 여야 모두 위성정당 창당을 통한 꼼수 선거라는 희대의 블랙코미디를 연출했다. 지난 대선 당시 모든 정당 대통령 후보들의 공통 공약이었던 검경수사권 조정, 사법개혁 역시 상대방에 대한 불신으로 인해 토론과 합의가 아닌 숫자 대결, 패스트트랙 충돌로 이어졌다. 유력 정치인과 그 가족들은 거의 예외 없이 상대방이나 그 지지자들로부터 사실과 허위 구분이 불분명한 정보의 무차별적 폭로, 비난, 고소, 고발을 당해 만신창이가 된다. 상대방이 당할 땐 폭소를 터트리며 박수를 치고, 자신들이 당할 땐 불같이 화를 낸다. 정치인들이 범죄자들 못지않은 바보들인 건지, 아니면 이런 후진 정치와 정치 혐오 상황을 유지하면서 기득권을 유지하고 이익을 누리는 세력이 따로 있는 건지 알 수 없다.

국가와 국민에게 피해를 끼치는 '정치인의 딜레마'

분리된 공범이 서로를 믿지 못해 상대방의 여죄를 털어놓고 증거의 행방을 알려주게 되는 '죄수의 딜레마'는 진실 발견과 정의 구현, 사회 안전에 도움이 된다. 하지만 서로를 믿지 못해 대화와 타협이라는 '정치'를 포기하고 비난과 공격, 무질서와 물리력을 주고받는 '후진 정치', '동물 국회'는 국가와 국민을 피해자로 만든다. 모든 정당, 모든 후보자들이 공약으로 내세우고 입법을 약속하는 소위 '민생 입법'(국민의 안전, 복지, 경제적 약자를 위한 법안이나 규제 개혁, 신산업 진흥, 산업

구조 개혁 등 경제 발전 법안)과 정책, 예산마저 상대방의 정치적 이익을 허용해서는 안 된다는 '정치인의 딜레마'에 빠져 발목 잡히고 좌절되기 일쑤다. 남·북, 한·일, 한·중, 한·미 관계 등 국가 안보와 번영을 위한 외교까지 정쟁의 도구로 전락하고 만다. 살인적인 경쟁, 입시 위주의 교육, 불공정·불평등의 폐해를 개선해 수월성을 확보하고 학생 각자의 재능을 계발하자는 교육 개혁도 마찬가지다.

게임 이론 '죄수의 딜레마'를 극복하는 경제학, 경영학, 심리학 분야의 전략들은 많이 개발되었다. 이제 대한민국 '정치인의 딜레마'를 극복하기 위해서는 먼저 서로의 과거를 반성하고, 상대방을 인정하는 '용기'가 필요하다. 그 토대 위에서 신뢰를 형성하고 정치의 금도와 국회의 존엄을 지키는 법 제도 개혁에 나서야 한다. 사상 최악이라는 20대 국회가 '바닥을 쳤고', 21대 국회의 초반은 그 연장선에서 검찰개혁, 고위공직자범죄수사처 등 권력을 둘러싼 여야 정쟁이 이어지는 중이다. 이대로 다음 서울·부산 시장 보궐선거와 대선까지 이어진다면 누가 이기든 상대에 대한 적대와 불신, 원한은 깊고 커지기만 할 것이다. 더 늦기 전에 획기적인 전환점이 필요하다. 과거에는 이런 상황에서 모두에게 신뢰와 존경을 받는 정치·경제·종교·사회·문화계 원로나 단체들이 나섰다. 하지만 지금은 이들마저 양 진영으로 나뉘어 핏대를 올리며 참전하거나 이런저런 특혜 시비나 구설에 연루되어 있다. 그래서 신뢰받는 중재자 역할을 할 주체가 보이지 않는다. 결국 모든 문제는 정치권 스스로 풀어야 한다. 양쪽 진영 모두에서 리더와 리더 그룹이 국민과 상대방을 향해 자세를 낮추고 품을 열고 대화를 청하고 소통을 이어가 타협과 합의를 이끌어내야 한다. 그 시작과 과정에서 자기 진영, 지지층의 강한 의심과 비판, 비난 감수는 필수가 될 것이다.

정치와 나라를 살리고 자신(들)은 버려질 수도 있다. 그런 각오를 해야만 정치가 살고 나라가 산다. 비교하자면 미국과 북한, 트럼프와 김정은이 결국 북한의 핵 문제를 해결하지 못한 상황과 유사하다고 볼 수 있다. 그로 인해 가장 큰 피해를 입는 것은 남과 북의 국민이다. 핵 위협과 남북 긴장 고조로 인한 부정적 영향을 받게 될 한국 경제 산업과 국민, 그리고 국제사회의 제재와 통제로 극심한 생활고에 시달려야 할 북한 인민들, 중국과 일본 등의 외부 변수, 그리고 미국 내 정치 상황 등 통제하지 못한 내부 변수까지…. 훨씬 더 복잡한 북한의 핵 문제에 비한다면 국내 정치 문제의 해결 가능성은 훨씬 높다. 문재인 대통령이 김종인 국민의 힘 비상대책위원장과 만나 큰 틀의 공감을 이루고, 여야 지도부가 만나 솔직한 속내를 털어놓고 서로를 향해 내로남불이라고 하던 불만을 역지사지의 지혜로 승화시켜야 한다. 그리하여 보다 구체적인 정치 정상화의 일정과 과제를 합의해야 한다. 그 과정과 결과를 국민 앞에 내놓고 누가 더 진정성을 가지고 실천해나가는지 평가를 받으며 국회 개혁, 정치 개혁을 해내야 한다. 누가 옳으냐, 이념과 가치로 경쟁하고 싸우는 정치는 뒤로 미루고, 그동안 서로 잘못한 부분을 인정하고 국민 앞에서 사과한 후 정상적인 정치를 위해 어떻게 경쟁하고 결과를 도출할지 정하는 '공정한 룰 만들기'에 대한 합의를 해야 한다.

구체적으로 이야기하자면 헌법과 국회법, 공직선거법 등 정치 관련법에 대해 치열한 토론과 열린 협의를 거쳐 국민의 수긍과 합의를 이끌어낼 개정을 해야 한다. 그렇게 해야 한쪽은 상대방을 독재라고 부르며 국회 일정을 거부하고, 다른 쪽은 법대로 했는데 억지를 부린다고 비난하는 악순환의 고리를 끊어낼 수 있다. 정치의 룰을 정할 땐 최선의 노력을 다해 합의를 이뤄내고 그 후에는 정해진 법과 규칙을 철저하게 지키고 따르는 법치주의 정치, 정상 정치를 시작해야 함은 물론이다.

본업 아닌 '다른 일'로

바쁜 의원들

5년 전 20대 총선을 앞두고 KBS는 스웨덴의 정치와 국회, 국회의원들을 소개하는 특집 다큐멘터리를 방송했다. 우리보다 더 잘사는 유럽의 부국 스웨덴 국회의원들이 국민평균소득(1인당 GNP)의 1.6배의 돈만 받으며 차, 운전기사, 수행비서도 없이 자전거를 타고 다니면서 일에 파묻혀 있는 모습을, 다큐멘터리는 자세하고 구체적으로 보여줬다. 반응은 뜨거웠다. 고액 연봉에 수많은 특권을 누리며 다양한 비리와 '갑질' 스캔들을 일으키는 반면, 일은 제대로 하지 않는 우리나라 국회의원들에 대한 시민들의 불신과 불만은 가득했다. 대한민국 여론은 이 불길에 인화물질을 부은 듯했다. 유세복을 입고 띠를 두르고 명함을 나눠주며 한 표를 호소하는 후보자들을 만난 유권자들은 '방송을 봤냐'고 묻고 '일은 안 하고 정쟁만 하고 특권이나 누리려고 이러냐'며 다그쳤다. 후보자들은 거의 예외 없이 '당리당략에 빠지지 않고, 정쟁을 일삼지 않으며, 국가와 국민, 지역을 위해 열심히 일할 것'이라고, '믿어 달라'고 다짐했다.

20대 국회가 개원한 뒤 모든 원내 정당과 당선자들은 '국회의원 특권 내려놓기'를 외쳤고, 더불어민주당·새누리당·국민의당 세 개의 교섭단체 원내대표들은 한자리에 모여 '불체포특권 개혁', '세비 동결' 등 국회 개혁 추진을 약속했다. 국회의장은 외부 인사들로 구성된 '국회의원 특권 내려놓기 추진위원회'를 구성해 상세한 개혁안을 제시하기도 했다. 하지만 임기가 만료된 20대 국회에 대한 평가는 처참하고 참혹하다. 오히려 전보다 더 나빠진 '사상 최악의 국회', 최저의 상임위원회와 법안심사 소위원회 회의 개최율과 법안심의율을 기록했다. 반면에 가장 많은 보이콧과 파행 및 고소·고발, 수사와 기소를 당한 상당수의 의원들 등 수준 낮은 대한민국 정치와 국회의 낯 뜨거운 모습만 적나라하게 드러냈다. 이렇게 일은 안 하고 편을 갈라 싸우기만 하는 모습을 보이며 20대 국회는 끝이 났다.

그 후, 총선을 거쳐 새로 시작할 때는 '일하는 국회', '민생 국회', 정쟁이 아닌 '입법 경쟁'을 하는, 진정 '국민을 위한 국회'로 만들겠다고 모든 정당과 후보자들이 굳게 약속하고 크게 외친 뒤 출범한 21대 국회, 그 모습은 예전과 많이 달라졌을까? 전혀 달라지지 않았다. 개원하자마자 선거법 위반, 정치자금법 위반 등의 혐의로 수사를 받고 기소당하는 의원들 소식이 연일 뉴스 헤드라인을 차지하고 있다. 자신의 사업이나 소송 등 사적 이해와 직접적으로 관련돼 있다면, 해당 상임위원회에 배정된 상대 당 의원을 상대로 고소, 고발하고, 이해 충돌을 빚고, 국회윤리특위에 제소한다. 이런 일들이 국회 소식의 상당 부분을 차지한다. 코로나19 제3차 대유행이라는 최대 위기에 봉착한 상황에서, 여야 의원들은 공수처법 개정안 등 쟁점 법안 처리를 둘러싸고 의사봉을 서로 빼앗고 빼앗기며 충돌한다. 법사위 전체회의에서 이렇게 수십 명이 밀착 접촉하며 비말을 난사하는 모습, 고함을 질러대고 집단 몸싸움까지 벌이는 일이 일어나는 걸 보면 어떤 측면에서는 21대 국회가 20대 국회보다 나빠졌다고 볼 수도 있다. 도대체 왜 이렇게 되었을까? 바로잡을 수는 없을까? 어떻게 해야 정치의 고질병을 고칠 수 있을까?

'열심히'는 하는데 국민이 바라는 국회가 되지 않는 이유

4년간의 초선의원 기간 중 선배나 동료 의원들로부터 가장 많이 들은 이야기는 '우리 의원들이 얼마나 열심히 일하고 있는데, 그걸 몰라주고 욕만 하니 답답하고 억울하다'는 하소연이었다. 국회의원의 배우자들은 '(의원이) 휴일도 없이 매일 새벽에 나가 밤에 들어오는 바람에 정상적인 가정생활이 힘들고 자녀 교육에도 어려움이 많다'고 한숨을 쉰다. 그런데 왜 국회의원들은 '일 안 하고 비싼 혈세만 축낸다'는 비난을 들을까? 대부분의 국회의원들이 정신없이 바쁘고 열심히 일하는 것은 사실이다. 그런데 그중 상당 부분이 상임위나 본회의 참석, 법안 심의 처리 혹은 이를 위한 준비 등의 정규 '의정활동'이 아닌 '다른 일'들로 구성되어 있다. 다른 일들 중 가장 많은 부분을 차지하는 것은 아마도 '지역구 활동'일 것이다. 지역 행사에 참석하고, 유력 단체나 인사들을 만나고 이들과 식사하며 '긴밀한' 이야기들을 나누는 등의 활동 말이다. 정쟁이 잠시 멈추고 오랜만의 '국회 정상화'로 법안심사 소위나 상임위원회를 열게 되었는데, 다수의 의원들이 '지역 활동'을 하고 있어서 의결정족수나 개의정족수를 채우지 못하고 그 때문에 회의 일정을 못 잡는 것은 이미 오래전부터 대한민국 국회의 '일상사'가 되었다. 심지어 위원장이나 간사 의원에게 연락이 닿지 않거나 지역 일정 때문에 바빠서 회의 일정을 잡지 못하는 촌극도 종종 벌어진다.

그 다음으로 많은 시간을 차지하는 국회의원의 일은 '정당의 일, 당무'다. 국회의원의 '수당'은 분명히 국회에서, 국비로 지급되는데 많은 의원들이 국회 회의보다 '소속 정당'의 회의나 업무, 행사, 활동을 더 중시한다. 당 대표 등 주요 당직자나 원로 다선 의원들은 상임위 회의 불참이나 조기 퇴장을 당연하게 여기는 '이상한 관습'을 지키고 있다. 또한 엄중한 회의 도중에 '우리 당 긴급 의원총회가 소집되었으니 정회를 해달라'는 이상한 요구를 해오거나 의원들이 집단 퇴장하는 경우도 빈번하게 발생한다. 뒤늦게 잡힌 정당 연찬회나 행사 때문에, 먼저 확정되고 공식 선포된 국회 회의 일정이 연기되거나 취소되는 일도 아무렇지 않게 일어난다. 모든 의원이 참석해야 하는 본회의는 거의 예외 없이 특정 정당의 의원총회로 인해 몇 시간씩 지연 개의된다. 여야 정당 간의 이견·다툼을 이유로 국회 일정에 보이콧을 선언하거나 파행이 초래되는 일도 자주 발생한다. 특별히 회의 일정을 잡아야 열리는 것이 아니라, 회기 중에는 늘 회의가 열리고 법안심의와 처리가 이루어지는 스웨덴을 비롯한 유럽, 미국, 캐나다, 호주, 뉴질랜드 등 '정상적인 의회'에서는 도저히 상상 못할 풍경이다. 그 외에도 우리나라의 다수 의원들은 항상 누군가와 통화 중이거나 바삐 문자 메시지를 주고받으며 수많은 약속과 만남 속에 있다. 다만, 국민이 기대하고 바라는 '일'이 아닌 다른 형태의 소통과 만남, 업무로 바쁜 의원들이 많다는 것이 문제다.

'사실상의 사전 선거 운동'인 지역 활동

이런 문제 제기를 할 때마다 국회 회의 참석을 잘 하지 않는 일부 다선 의원들은 '초선이라 몰라서 그러는 모양인데, 지역 활동도 엄연한 국회의원의 업무이며 매우 중요한 일이다'며 정색을 한다. 상식적으로 생각해보면, 지역주민 전체 혹은 다수에게 영향을 미치는 주요 정책이나 사건과 관련된 공개적인 간담회(소위 '타운홀 미팅')나 지역사무소에서 정식으로 이루어지는 회의, 면담 혹은 전화나 SNS 등을 통한 의견과 민원 접수 처리 등이 '국회의원과 보좌진이 해야 할 지역 업무'일 것이다. 이 경우 그 근거가 기록 및 자료 등으로 확인되며, 무엇보다 국회의원의 법적 의무인 국회 공식 회의 참석을 위해 이 일의 연기 혹은 조정이 이루어질 수 있다. 이것이 '정상적인 의회' 운영이 이루어지는 나라들의 일반적인 모습이기도 하다. 우리 국회에서도 상임위와 본회의 출석 및 입법 등 의정 활동 실적이 좋은 '일하는 국회의원'들의 '정상적인' 지역 활동이 대개 이런 모습이다.

그런데 대한민국 국회의원 다수의 '지역 활동'은 대개

사람이 많이 모이는 행사, 체육대회, 지역 축제, 아파트 운영위원회나 부녀회, 다양한 조합, 산악회, 동호회 등에 참석하거나 단체 여행 버스에 올라가 인사하고 '얼굴을 비추는' 일로 이루어져 있다. 그리고 지역 기관장이나 유력 인사들과 밥 먹고 술 마시면서 '긴밀한' 이야기를 나누며 일한다. 엄밀히 따지면 이것은 '국회의원의 업무'라기보다 지역 내 인지도와 영향력을 높이고 지지자를 유지하거나 더 많이 확보하기 위한 '사전 선거 운동'이라고 봐야 할 일들이다.

실제로 이런 일은 선거 기간 동안 후보자들이 유권자들을 만나서 지지를 호소하는 방식의 재연이고 반복에 불과하다. 이는 마치 회사원이 근무 시간에 회사 컴퓨터로 '열심히' 주식 거래를 하거나, 공무원이 업무 시간에 '열심히' 승진 시험공부를 하는 것에 비유할 수 있다. 더구나 국회에서의 의정활동 대신에 다분히 '사적인 정치적 이익을 위한' 활동에 시간과 역량을 투입해서 형성한 '지역 유력인사 권력 카르텔'은 채용, 승진 등 인사 혹은 개발이나 인허가 계약 등과 관련된 민원 청탁, 뇌물, 불법 정치자금 수수 등이 이루어지게 되는 음습한 토양이 되기도 한다. 게다가 더 큰 문제는,

수십만 명에 달하는 대부분의 일반 유권자들은 지역구 국회 의원의 이런 '지역 활동'과 아무런 상관이 없다는 것이다. 또한 이런 활동을 통해 직접적인 문제 해결이나 갈등 해소, 의견 전달 등 어떠한 정치적 효과도 누리지 못한다는 점이다.

'선당후국'의 이상한 한국 정치

당에 충성하고 당의 지시를 맹목적으로 따르는 모습은 영화나 드라마에서 자주 보게 되는 북한 같은 공산당 일당독재 국가의 전형적인 모습이다. 그런데 대한민국 국회에서는 공산당 때려잡자고 부르짖으며 '자유'를 외치는 보수 정당이나 '민주주의'를 위해 독재와 싸워온 진보 정당 소속 의원들에게서도 이런 모습이 일상적으로 나타난다. 구체적으로 말하면 '당'에 대한 충성이 아니라 '당 지도부, 당 권력자'에 대한 충성이다. 법안 상정이나 의결을 위한 상임위원회 전체회의를 진지하게 하다가도 당 대표나 원내대표가 간사의원에게 문자 메시지를 보내면 갑자기 정회를 요구하거나 무리한 요구를 하다가 의원들이 집단 퇴장해버린다. 이런 일들이 허다하다. 당의 전략을 책임지는 연구소장 등 중요 당직자가 마음에 안 든다는 이유로, 당 권력의 주류파가 아니라는 이유로 그 사람을 쫓아내고, 의원들의 투표로 선출된 원내대표를 몰아낸다. 또한 당론을 따르지 않는 자당 지역구 국회의원을 공격해 다음 선거 경선에서 떨어트리는 방식으로 특정 의원을 국회에서 몰아내기도 한다.

어떤 법안도 여야 간의 합의나 담합 혹은 과반을 차지한 다수당의 당력을 집중한 일방적인 처리 없이 법안소위나 상임위원회 전체회의, 특히 마지막 단계인 법사위 문턱을 넘지 못한다. 다음 선거 승리를 통한 권력의 유지·탈환과 연결되는 지지율이나 특정 세력의 이익 같은, 정당, 당파, 권력집단, 세력의 계산이 담긴 중점 추진 법안은 한쪽에선 기를 쓰고 추진하고, 다른 쪽에선 기를 쓰고 반대하니 처리가 안 된다. 그렇지 않은 법안들은 관심 밖으로 밀려나 좀처럼 상정되지 않고, 가까스로 상정됐다고 해도 제대로 된 심의를 받기조차 어려운 것이 현실이다.

이 문제를 해결하기 위해 국회 선진화법으로 정한 '신

속처리안건(패스트트랙)' 절차를 밟다가 20대 국회는 싸움판으로 변하고 말았다. 일 좀 제대로 해보라고 국민이 여당에 180석 가까이 몰아줘서 탄생한 거대 여당이 존재하는 21대 국회는 사상 초유의 법무부장관-검찰총장 갈등 속에서 파행에 파행을 거듭하고 있다. 이런 식이라면 결코 더 이상 국회를 '민의의 전당'이라고 부를 수 없을 것이다. 무엇보다 모든 국회 회의는 반드시 여야 교섭단체 대표 간 합의를 해야 열리는 구조이니, 국회는 정쟁이 없는 평화로운 시기에만 일한다. 혹은 예산안 처리, 고위 공직자 인사청문회, 국정감사 등 필수적인 '연례행사 기간'에만 주로 무더기 법안처리를 한다. 그것도 대부분 소위 '무쟁점 법안'들이다. 이중 다수는 용어만 한두 개 고치거나 표현을 바꾼 낯 뜨거운 '실적용 무용지물 법안'들이다.

진짜 국회가 할 일은 이견과 반대, 저항이 있는 '쟁점' 법안에 대해 치열하게 토론하고 논쟁하고 설득하거나 타협과 양보를 이끌어내서 법안을 '처리'하는 것이다. 모든 '쟁점 법안'들에는 일부 혹은 다수 국민의 생명, 안전, 복지 혹은 행복이 걸려 있다. 그 반대편엔 누군가가 기득권을 잃거나 비용을 부담해야 하는 이해관계가 걸려 있다. 정쟁이라는 정당의 '사적 이익'에 눈이 멀어 '일하지 않는 국회'는 국가와 국민에 대한 배신과 반역을 하고 있는 것과 같다. 박근혜 전 대통령 탄핵 및 사법 처리를 둘러싼 갈등 때문에 특별히 20대 국회의 정쟁이 극심했다고 하지만, 바로 뒤인 21대 국회 역시 전혀 나아진 것이 없다.

권력을 지키거나 빼앗으려는 여야 간의 정쟁 없는 평화의 시기가 과연 있을까? 정쟁에 승리하려는 정당은 소속 국회의원들의 충성과 군대와 같은 일사불란한 단일대오를 요구한다. 정당은 또한 이탈자에 대해서는 공천, 당직 등에 가차 없는 불이익을 가한다. 물론, 이를 역이용하는 의원들도 있다. 탈당이나 경쟁 정당으로의 이적을 행하거나 그럴 가능성을 시사하며 그 대가로 자신의 자리나 이익을 확보하려는 이들이다. 수시로 이런 행동을 하는 정치꾼들을 우리는 '철새'라고 부른다. 선거에 가까워질 때마다 정치권은 정치 철새들의 날갯짓으로 자욱한 '정치 미세먼지'를 만들어낸다. 입으로는 국가와 국민을 노래하지만 실제로는 당에 맹목적으로 충성하거나 정쟁을 이용해 공천이나 당선 등 정치적 이익만을 좇는 이들은 모두 자신들의 본업인 의정 활동은 뒷전인 '국회 기생충'들이라고 할 수 있다.

'로비 활동'으로 항상 바쁜 의원들

다수의 국회의원들이 많은 시간을 할애하는 '또 하나의 일' 은 정계, 재계, 관계, 언론계, 종교계, 민간단체 등 '유력 인사' 들과의 만남, 통화 등의 소통이다. 이 소통은 여론 수렴이 나 갈등 조정, 입법 정책 자문 등 '바람직한 정치 활동'의 연 장일 수도 있다. 하지만 국회의원은 이들에게서 지지나 후 원 혹은 인사나 정책 예산 배정 등의 '특혜'를 얻는다. 이들 은 의원들로부터 청탁 입법, 질의, 정책 발언, 혹은 증인이나 참고인 명단에서의 제외 등을 얻어내는 '거래' 내지 '로비 활 동'을 한다. 밀실에서 이루어지는 이 만남에서 어떤 이야기 가 오고가는지 알 길이 없다. 하지만 의심스러운 법안이 제 출되거나, 이해하기 힘든 (특정 대상이 원하는) 질의나 발언 혹은 요구가 행해지는 전후에 이런 만남이나 연락이 있었음을 추정해볼 수 있는 것이 한국 정치의 현실이다. 아주 단순화시켜보면 국회는 파행과 공전을 거듭하고 국회의원들은 일하지 않으며, 주민 간담회나 강연, 토론회 등 '공개된 정치 활동'은 별로 없는데 매일 새벽에 나가 밤늦게 들어올 정도로 '너무 바쁜 의원들'이 있다. 이 모순이 한국 정치와 국회의 문제요, 고질병의 원인이라고 할 수 있다.

선동 정치를 부추기는 '실세들'과 그들을 견제하는 법

한국 정치는 구태를 답습하고 반복하고 있는 후진 정치다. 이해관계에 따라 입에 거품을 물며 국가와 국민을 외치지만 당을 새로 만들고, 옮기고, 적대하고 공격하는 온갖 기행과 막말과 황당한 언행들이 난무하고 있다. 그럴 듯한 명망가를 내세워 영웅시하고 심지어 신격화하며 그를 중심으로 절대 충성하는 집단을 구축한다. 비판자나 배신자는 가차 없이 그리고 가혹하게 응징한다. 그러다 그 명망가가 선거에서 지거나 권력을 잃거나 구심점을 잃게 되면 바로 다른 명망가에게 한 무리가 옮겨간다.

이런 후진적 선동 정치를 주도하거나 지원하면서 큰 이익을 얻는 무리가 있다. 정적과의 전쟁 같은 상황을 조성하고 선동하면서 선출직 혹은 임명직 공직을 차지하고 밀고 당기며 나누는 소위 '실세들', 그리고 이들과 이익을 공유하며 자신들에게 유리한 정책이나 입법을 이끌어내는 상업 권력들이다. 여기에 더해 극단적, 일방적으로 자기편에 유리한 선동을 하며 금전적 이익을 챙기는 언론이나 유튜버 등 소위 '진영 스피커'들도 대표적인 선동 무리다.

다수 유권자가 이들에게 속고 휘둘리면 '일하지 않고 정쟁만 일삼는 국회'가 반복된다. 정쟁 선동 속 장내와 광장에서, 극한 대결과 공방이 지속되는 뒤안길에서 사적 이익과 실속을 챙기는 국회의원들의 '이상한 지역 활동', '당 권력자에 대한 충성' 및 '로비 활동'만 바쁘게 이루어질 것이다. 그 대상에 속하지 않는 대부분의 일반 시민들은 정당과 의원들로부터 무시와 외면을 당할 것이며, "선거 때만 주인 대접을 받고 선거가 끝나면 노예가 된다"는 장 자크 루소의 경고가 여전히 유효한 정치 후진국 상황은 계속될 것이다.

과감히 민심의 철퇴를 받아야 하는 대상은 누구인가? 대통령이나 여당에 대한 무조건적인 충성과 지지 혹은 그 반대만 외치는 자들, 정치 철새들, 음험하게 공익으로 포장했지만 사익 추구에 여념이 없는 '실세'들과 선동가들이다. 어떤 대통령, 어떤 정당이 집권하든 마찬가지다. 그렇다면 국민은 무엇을 해야 하는가? 우리는 수많은 시행착오로 너무나 잘 알고 있다. 우리가 꼼꼼히 따지고 평가해야 할 것은 지극히 당연하고 상식적인 것들임을. 우리가 바라는 정치인은 지극히 당연하고 상식적인 사람임을 말이다. 국민과 지역 주민 전체를 대표할 국회의원으로서 철학과 소신, 정책, 용기, 의지를 충분히 갖추고 있는지, 생업에 바쁜 우리 대신 바르고 공정하게 나라와 사회가 운영될 수 있게 성실히 노력할 사람인지, 그런 후보들을 제대로 검증하고, 공정한 절차를 통해 선발하는 정당인지를 따져야 한다. 이러한 '진영주의 선동에서 벗어난 유권자'들이 주도하는 '정치 혁신'에서 살아남기 위해 국회의원들과 정당이 혁신할 때, 비로소 실제로 '일하는 국회'를 만드는 '국회 개혁'이 가능해질 것이다.

국회가 방치한 갑질,

국회의 갑질

서울 강북구 소재 한 아파트 경비원 최 씨의 비극적인 사망이 국민적 충격과 분노, 안타까움을 자아냈다. 그 원인이 입주민의 갑질과 폭행 때문이라고 알려진 후 가해자에 대한 처벌 목소리가 높아졌다. 2014년에도 서울 압구정동 아파트에서 주민의 막말과 갑질을 견디다 못한 경비원이 분신자살한 사건이 발생했고, 갑질 피해에 시달리다가 극단적 선택을 하거나 피해자가 정신질환 등의 후유증을 앓는 심각한 사건이 계속 있어왔다. 2014년 압구정동 사건 이후 국회에서는 경비업법과 공동주택관리법을 개정해 경비원에게 안전관리 외의 일을 시키지 못하게 하는 등의 보호조치를 마런했다. 하지만 '법대로'를 고집하다간 일자리를 잃는 현실 앞에서 법은 휴지조각에 불과했다.

　비단 아파트 경비원만의 문제가 아니다. 재벌의 운전기사, 재벌집 가사도우미, 대학원생 조교, 공무원, 회사원, 노동자, 가맹점주 등 사회 각 분야의 '을'들이 갑질 피해에 시달리다가 죽거나 다치거나 병드는 일들이 헤아릴 수 없을 만큼 많이 벌어지고 있다. 혹자는 '저항하거나 거부하거나, 그것도 안 되면 그만두면 되지, 왜 계속 당하기만 하느냐'고 묻는다. 이런 일이 계속 일어나는 이유는 갑질 피해를 당하는 피해자가 이상하거나 특별하거나 문제가 있어서가 아니다. 바로 '학습된 무기력' 때문이다.

소리 없는 살인자, '학습된 무기력'

1967년, 미국 심리학자 마틴 셀리그만은 우울증의 원인을 찾는 연구의 일환으로 개들을 대상으로 실험을 했다. 개들을 우리에 가두고 전기충격을 가하는 끔찍한 실험이었다. 전기충격이 가해졌을 때 도주하거나 중단시킬 수 있는 장치가 있던 우리에 있었던 개들은 이후 다른 우리에서도 전기충격이 가해지면 최선을 다해 피하거나 중단시킬 방법을 찾으려고 노력했다. 하지만 어떤 노력을 해도 전기충격을 멈출 수 없는 우리에 갇혀 있던 개들은 이후 쉽게 도피하거나 중단시킬 수 있도록 설계된 우리에서도 고통스러운 전기충격을 그대로 당하는 '무기력한' 모습들을 보였다. 지금이라면 동물학대로 비난받아 마땅한 이 실험을 통해 입증된 '학습된 무기력'은 이후 가정폭력 피해자들이 왜 가해자에게 저항하거나 도망가지 못하고 지속적이고 습관적인 폭력을 참고 있는지 이해하는 데 큰 도움을 주었다.

아동학대, 학교폭력, 군대 내 폭력에도 같은 심리가 작용한다. 대부분의 가해자는 지배나 통제권 즉 '권력'을 쥔 '갑'이고 피해자는 지배받고 통제받고 의존하는 '을'의 위치에 있게 된다. 이것이 바로 '갑질' 범죄다. 처음 폭력이나 가해 행위가 발생했을 때 피해자는 충격을 받고 저항 혹은 도주를 시도하거나 이웃이나 가족, 경찰 등에 도움을 요청하는 등 자신이 할 수 있는 노력을 다 한다. 하지만 가해자의 지위나 위력, 혹은 가면 쓴 모습 때문에 그들의 저항이나 도주는 실패하고 구조받지 못하는 경험들을 하게 된다. 이후 '학습된 무기력' 상태에 빠지게 되면서 저항이나 도주, 구조 요청을 포기하고 폭력을 일상으로 받아들인 채 피해자는 서서히 죽어가게 된다. 혹은 우울증이나 절망감, 분노 감정을 이기지 못해 자살, 살인, 방화 같은 '극단적 선택'을 하는 일들도 발생한다.

'갑질'을 처벌하고 방비할 법과 제도, 여전히 부족하다

결국 갑질과 그로 인한 '학습된 무기력' 문제는 개별 가해자와 피해자 개인 간의 문제만이 아니다. '갑'들이 품격 있고 선량하기를 기대하고 그렇지 않은 일부 불량 갑들을 찾아내 처벌하면 해결되리라 기대해서도 안 된다. 인간은 누구나 갑질을 할 수 있다는 전제하에, 갑질 자체가 원천적으로 불가능하도록 법과 제도를 만들고 정비하고 그 실행 체계를 촘촘히 갈고 다듬어야 한다. 그래야 그 소수의 불량한 갑들의 갑질이 바로 눈에 띄고 두드러져 적발과 엄한 처벌이 용이해진다. 그래야 피해자 역시 학습된 무기력에 빠지지 않고 법과 제도에 의한 구조와 지원 및 보호를 쉽고 편하게 받을 수 있게 된다. 결국 이 모든 것은 정치 그리고 국회가 해야 할 일이다. 하지만 경비원을 갑질에서 보호하겠다며 만든 경비업법 개정안과 공동주택관리법 개정안에 경비원의 고용 보장은 빼고 '갑질 방지' 조항만 넣어두었으니 그야말로 있으나마나 한 무용지물의 법이 되었다.

　일부 의원들의 반대로 오랫동안 처리되지 못하던 '직장 내 괴롭힘 방지법' 역시 타협을 통한 개악을 거쳐 가까스로 입법은 되었다. 하지만 대상이 축소되고 요건이 모호해지고 직접 처벌 규정이 제외되는 등 유명무실해졌다는 비판을 받고 있다. 공사나 제조 현장에서의 안전관리 부실, 갑질 등으로 인한 사망 시, 살인죄에 준하는 처벌을 할 수 있는 기업살인법이나 중대재해처벌법, 건설시공안전관련법 등의 입법 요구를 무시한 국회는, 결국 2020년 이천 물류센터 화재 참사를 막지 못했다.

국회가 '갑질' 방지법에 소극적인 이유

국회가 본연의 임무인 국민의 자유와 복리 증진, 그 핵심에 있는 '갑질 방지'법과 제도 구축에 소극적인 이유는 뭘까? 헌법과 법률에서 정한 봉사 대상인 국민, 그 99%를 차지하는 '을'보다 이들에게 갑질을 할 수 있는 1%의 국민, '갑'을 위해 애쓰는 이들에게는 커다란 현실적 이해관계가 있을 것으로 추정된다. 여기에 더해 국회의원들부터 '갑 중의 갑'인 것도 그 이유 중 하나일 것이다.

얼마 전 한 상임위원회 법안심사 소위원회에서 일어난 일이다. 특정 법안에 반대 의견을 개진하는 관련 정부부처 과장에게 고압적으로 윽박지르던 한 의원은 그 공무원이 소신을 굽히지 않자 격하게 분노하며 자신의 자리로 오라고 명령했다. 결국 위원장이 이 상황을 진정시키기 위해 정회를 선언할 수밖에 없었다. 하지만 이러한 모습이 국회에서 흔하게 발생하는 광경이다 보니 누구도 특별한 반응을 보이지 않았고 언론에도 기사 한 줄 나지 않았다. 결국 잘못한 것도 없는 공무원은 해당 국회의원을 찾아가 연신 고개를 숙이며 용서를 구했다. 그렇게 해서라도 높으신 의원님의 심기를 달래지 않으면 그 불똥이 자신의 상관의 상관, 심지어 장관에게 튈 우려가 있었기 때문이다. 국회에 출석한 장관 등 국무위원이나 국정감사 증인 등에 대한 고함과 막말, 협박과 야단은 방송을 통해 숱하게 중계되었다. 맘에 안 드는 장관이나 기관장에게는 대놓고 '당신 때문에 그 부처(기관) 예산이 최대한 깎일 것'이라고 공언하는 일도 흔히 보인다. 의원실로 장 차관이나 국장, 혹은 실무 공무원들을 호출하거나 전화를 걸어 호통치고 무리한 요구를 하는 일 등, 국민이 볼 수 없는 곳에서의 '갑질'은 더욱 잦고 심하다. 권위적인 국회의원들을 수시로 상대해야 하는 전문위원 등 국회 사무처 직원들의 고충도 역시 크다. 더 큰 문제는 의원들이 자신들의 이런 갑질을 '갑질이 아니라고' 굳게 확신하는 '낮은 인권 감수성'이다. 국민을 대표하는 국회의원에게 '감히 어떻게 거부, 말대꾸, 불량한 자세 등을 취하느냐'는 인식을 드러내는 의원들이 적지 않다. 원하는 답이나 자료를 얻기 위한 효과적인 방법이 고성과 호통과 협박과 불이익 암시라고 믿는 의원들도 역시 많다. 마치 과거 군사 독재 시절 수시로 고문을 자행하던 경찰과 검찰이 연상된다. 그들은 '자백 등 원하는 진술'을 받아내기 위해 고문이 필요하고 고문이 효과적이라고 굳게 믿었다. 간혹 의원들의 고함이나 협박에 굴하지 않고 저항하거나 소신을 피력하는 공무원들이 나타나지만 결국 이들은 상관이나 주변의 압력이나 설득에 못 이겨 '공개 사과'를 하게 된다. 사과를 받지 않으면 법안 심의나 의결, 회의 속개를 못 하겠다는 의원 앞에서 버틸 장사가 없다. 용감한 저항이 결국 고개를 숙이는 굴욕으로 마무리되는 모습을 지켜보는 공직 사회에는 '학습된 무기력'이 퍼지고 자리 잡게 된다.

보좌진은 가슴으로 피눈물 흘린다

의원들의 갑질을 일상적으로 대하는 상습 피해자는 당연히 보좌진이다. 채용과 해고의 전권, 가히 '생사여탈권'을 쥔 의원에 대한 불복이나 저항은 곧 '실직'으로 이어질 가능성이 높으니 말이다. 단순히 직장을 잃을 뿐 아니라 다른 의원들에게도 좋지 않은 평이 공유되며 '재취업의 기회'조차 박탈되는 현실은 갑질의 토양과 자양분이다.

국회 보좌진들이 신분을 인증한 뒤 익명으로 글을 올리는 '여의도 옆 대나무 숲'에 올라온 글, 몇 개를 소개한다.

"내가 나랏일 하려고 나랏돈을 받아먹고 살지 의원님 당신 사유재산으로 먹고 삽니까? 왜 생필품 쇼핑까지 시키고, 개인 일정까지 뒷바라지하라는 거요."(2019년 11월 16일 오후 7시 47분)

"직장 내 괴롭힘 방지법이 시행된다고 한다. 고용노동부에서 예시로 든 것들이 거의 다 국회에서 숨 쉬듯 벌어지고 있는 것들이다. 국회 조직문화 그 자체이다. 영감들은 자기 이사할 집 알아봐달라, ○○클로 히트텍 사다 놔라, 부모님 댁에 컴퓨터 설치해라, 별의별 사적 심부름을 다 시키면서도 국회의원이라서 당연히 자기가 제공받아야 할 서비스라고 생각한다."(2019년 7월 16일 오후 9시)

"의원 보좌진은 국가공무원이다. 그러나 정작 영감들은 보좌진을 공무원으로 생각하지 않는다. 당신들의 사노비 정도로 여기는 모양이다. 아침밥 차리기, 집 택배수령, 속옷 챙기기. 의원회관에서 또 다른 전태일이 부활한다면 그때는 정녕 바뀔 수 있을까?"(2019년 6월 14일 오전 2시 30분)

"안녕하세요, 의원님. 1년이 지난 오늘, 미투 운동은 이미 그 본질적 의미가 퇴색되었고, 조금만 더 버티시면 공소시효도, 민사 제소기간도 도래하겠네요. 저희 아버지 딸인 저는, 이렇게 부모님의 사랑을 받으며 잘 컸음에도 불구하고 이렇게나 힘든데, 의원님의 자녀분들은 그저 의원님을 자랑스러워하며 행복해하겠지요. 마음으로라도, 조금이라도 가책을 느끼시길 바랍니다."(2019년 4월 6일 오후 9시 2분)

"…난 왕년에 영감 자녀/손자(차마 밝힐 수 없다) 출생신고까지 해본 사람이야. 내 아이도 없는데. 다른 아이 출생신고부터 먼저 한 사람이라고. 좀 지나니까 모 대학 어린이집 후보 등록까지 시키던데?"(2018년 8월 29일 오후 4시 57분)

"내가 의원 자식들 휴가 비행기표 끊는 데까진 투덜거

리며 했거든. 그런데 의원이 어젯밤에 연락해서 그 자식들 추석 열차표를 잡으라네. 아침 7시부터 일어나서 말이야. 대기번호 1만 번 받고 우두커니 앉아 있는데 이거 뭐하나 싶어(자식들은 자고 있겠지?). 이거 예매 실패하면, 하루 종일 취소표 뜨는지 사이트 들어가 봐야 하는데, 어린 것들이 벌써 특권에 찌들어 가지고. 한 번은 크리스마스 때 가수 공연표도 구해달라 하더라고." (2018년 8월 28일 오전 9시 42분)

의원이 갑질을 하는 권위적인 사람일 경우, 보좌진 간에도 직책과 급수에 따른 갑과 을이 나뉘게 되며 '보좌진 간 갑질' 역시 흔하고 심하게 발생한다. 인턴, 9급, 8급, 7급, 6급 비서 등 하위직 보좌진은 의원의 갑질에 더해 비서관 및 보좌관 등 소위 '관급 보좌진'의 갑질까지 더해져 '2중 갑질'에 시달리기도 한다.

갑질 관행에 물들지 않은 초·재선 의원에게 기대를 건다

당연히 모든 국회의원이 갑질을 하는 건 아니다. 행정부 공무원과 국회 사무처 직원 및 보좌진들을 '입법 동료'로 존중하고 협력하는 '개념 있는 의원'들도 많다. 아파트 입주민, 재벌, 건물주, 사업주… 다 마찬가지다. 문제는 어떤 분야, 조직, 기관, 업체에든 인성이 나쁜 '갑'들이 있을 수 있다는 불변의 사실이다. 이로 인해 법과 제도, 문화, 관행이 제대로 구축되고, 빈틈없이 시행되며, 수시로 점검받고, 필요한 수정과 개정이 이루어지지 않으면 '갑질은 반드시 발생한다'. 법과 제도 구축은 국회의 몫이다. 그 실행은 행정부의 책임이고, 점검과 감시 및 이행 담보는 감사원과 수사기관 및 사법부의 역할이다. 그런데 그 시작과 출발을 선도하고 주도해야 할 입법부, 국회가 스스로 '갑질'을 허용하고 방관하는 법과 제도, 문화와 관행을 유지하고 있다면 우리 사회 '을'들은 저항, 도주, 회피, 구조 요청을 하다가 좌절하거나 동료의 좌절을 목격하고 집단적으로 '학습된 무기력'에 빠질 것이다. 우울증 발병률과 자살률은 떨어지지 않을 것이고, 간헐성

폭발 장애(소위 '분노 조절 장애')에 의한 폭력과 파괴, 방화 범죄도 줄어들지 않을 것이다. 국회와 정치, 국가 체제와 사회 시스템에 대한 불신도 높아져 점점 더 심한 '위험 사회'로 나아갈 우려도 상존한다.

21대 국회, 할 일도 많지만 우선 자신부터 점검하자. 다행스럽게도 20대 국회에서 널리 알려진 갑질 국회의원 중 여러 명이 낙천 혹은 낙선했다. 갑질 관행에 물들지 않은 초·재선 의원이 많은 21대 당선자들이 가장 먼저 해야 할 일은 '갑질의 유혹'을 차분히 살피는 것이다. 선거 기간에 함께 일한 선거캠프 관계자들의 솔직한 평가와 의견을 구하며 자신의 언행을 돌아보고, '갑질 없이' 자신의 일을 제대로 하는 의원이 되기 위해 탄탄히 준비해야 한다. 가장 가까이에 있는 국민, 보좌진, 국회 사무처 직원들, 관계부처 공무원들을 존중하면서 치열하게 입법을 성사시키고, 행정부를 감시하는 의원들이 많아져야 한다. 그럴 때 아파트 경비원과 노동자, 회사원, 알바생 등 우리 사회 '을'들이 갑질로부터 보호받는 법과 제도가 제대로 구축되고 실행될 것이다.

대한민국에
겨울이 오는데…

'뭣이 중헌지 모르고'

2011년부터 2019년까지 8년간 여덟 개 시즌으로 제작되어 전 세계에 방영된 미국 드라마 〈왕좌의 게임〉, 그 핵심 주제 중 하나는 '겨울이 온다(Winter is coming)'이다. 거센 눈보라와 함께 몰려와 오랜 기간 전 국토를 얼어붙게 하는 기나긴 겨울, 그 겨울 자체도 힘들고 고통스럽지만 겨울과 함께 몰려올 좀비 군단 '백귀'들은 인류를 멸망시켜버릴 수도 있다. 그런데 그 거대한 위험 앞에서 권력 다툼을 벌이며 분열하는 권력자들, 특히 내전과 정쟁을 멈추고 함께 힘을 합쳐 백귀들을 물리치자는 7왕국 모든 세력 간의 약속을 깨고, 후방에서 공격해 경쟁 세력을 몰살하고 왕좌를 영원히 차지하려는 라니스터 가의 음모와 계략, 이 이야기가 우리의 정치 상황과 너무도 닮았다.

한편 2016년에 개봉해 680만 명의 관객이 관람하고 장안의 화제가 되었던 영화 〈곡성〉 속 효진이는 "뭣이 중헌디, 뭣이 중헌지도 모르고!"라고 외치며 이성을 잃고 감정과 의심에 휩싸인 채 제 식구 지키기에만 매달리는 경찰관 아빠 종구에게 강한 경고를 보낸다. 과연 우리 정치권, 정치인들은 '뭣이 중헌지' 제대로 알고 바르게 행동하고 있을까?

대한민국에 '겨울이 온다'

코로나19라는 '겨울, 백귀'와 온몸을 던져 싸우고 있는 정은경 질병관리본부장과 직원들, 의료진, 지방자치단체 공무원들, 격리된 분들과 확진 환자들과 가족들, 불안과 공포와 경기 침체에 시달리는 자영업자, 그리고 시민들은 '부디 정치권 모두 하나가 되어 힘을 보태주기'를 간절히 바라고 있다. 그런데 각종 선거를 앞두고 권력 쟁취에 혈안이 된 일부 정치인들은 오히려 이 위기를 이용해 상대를 공격하며 불안과 공포와 분열을 만들고 퍼트리고 있다. 일부 정치적인 종교인과 단체들은 심지어 코로나19에 대해 '하나님의 심판', '마귀의 짓' 운운하는 망언을 서슴지 않기도 했다. 특히 폐쇄적이고 은밀한 포교와 집회 및 집단 접촉 등의 특성 때문에 코로나19의 집단 발병 및 지역사회 감염, 무차별적 전국 확산의 주범이 된 신천지가 스스로를 '최대 피해자'라고 강변했다. 또한 그들은 비밀 집회 장소와 전체 신도 명단 및 예배 교육 등 집회 출석 정보 전산 데이터 등을 제출하지 않아 기소까지 됐다. 또한 일부 국회의원과 정치인들이 이들을 옹호하며 정부를 비난하는 발언을 공공연하게 해 사회적 공분을 일으키기도 했다. 심지어 코로나19 예방과 차단, 격리, 피해자 지원을 위한 예산 편성과 집행을 막아서며 피해 확산을 바라는 듯한 언행을 마다않는 정치인들도 있었다.

방역 당국의 경고와 국회 사무처 및 서울시 등 지방자치단체의 집회금지통고 조치에도 아랑곳하지 않고 '광장에서는 감염되지 않는다'는 허위사실을 공언하거나 '우리는 코로나에 걸려 죽어도 상관없다, 하늘나라에 자리가 마련되어 있다'고 외치며 국회와 광화문 광장 등에서 대규모 동원 집회를 강행하는 정당과 종교 집단까지 등장하는 어처구니없는 상황도 벌어졌다. 심지어 국회의원회관에서 국민의 힘 곽상도 의원의 주최로 열린 '정부 교육 정책 비판 세미나'에 참석한 한국교총 회장이 코로나19 확진자로 판정되면서 이후 심재철, 곽상도, 전희경 의원 및 당직자 등 모든 참석자들에 대해 코로나19 검사가 진행되었고, 국회의원회관 전체에 출입통제, 방역이 실시됐다. 또한 이후 예정되어 있던 국회 본회의 등 모든 공식 행사가 취소 내지 무기한 연기되기도 했다. 그 이후에도 민주당 황운하 의원, 국민의 힘 이언주 의원 등 여야 국회의원 혹은 지방자치단체장이나 지방의원들이 방역지침을 어기고 모임이나 식사 자리에 참석했다는 논란이 제기되는 등 정치권을 둘러싼 방역수칙 위반 논란이 이어졌다.

비단 코로나19만의 문제가 아니다. 이렇게 이기적이고 반사회적인 자세로, 사적인 경제적·정치적 이익만을 탐하는 선동적 정치와 종교 권력자들의 행태가 지속되는 한 대한민국은 혹독하고 집요하며 다양한 위험으로 엄습해오는

'기나 긴 겨울'을 이겨낼 수 없을 것이다.

　　그 위험 중 하나는 우선, '기후변화'다. 이미 그린피스 등 환경단체들은 코로나19의 창궐이 기후변화와 무관하지 않다고 주장하고 있다. 지구온난화로 인해 북극과 히말라야, 알프스 등 고산의 빙하가 녹고 있으며, 고대 바이러스의 원형들이 발견되는 등 이상 기후로 인한 다양한 신종 질병의 위험이 이미 현실이 되고 있다. 계절이 뒤바뀌고 가뭄, 홍수, 태풍, 지진 등의 자연재해가 전례 없이 예측불가한 때와 장소, 규모로 발생하는 위기도 마찬가지다. 일촉즉발의 북핵 위기, 남북은 물론 미국과 중국, 일본, 러시아 등 주변국 사이의 긴장과 대립이 한반도를 전쟁 위험과 핵 종말로 끌고 갈 우려도 상존한다. 세계적인 불황과 인공지능 및 로봇을 통한 자동화로 인한 '고용과 노동 없는 산업 및 경제 구조로의 급격한 전환, 그로 인한 빈부격차와 계층 간 갈등의 대폭발'은 외부에서 우리에게 다가오고 있는 '예견되고 관찰되는 겨울'의 모습들이다. 한편 급격한 고령화와 하락하는 출산율, 교육과 취업 기회의 불평등 및 그로 인한 세대와 젠더 갈등, 부동산 투기 등 불로소득과 부당한 부의 집중 및 세습 등은 '내부에서 닥쳐오고 있는 겨울'이라고 할 수 있다.

과연 대한민국은 과거의 일제 침략, 동족상잔의 전쟁이라는 '겨울'을 이겨냈듯이 더 강하고 길고 위협적인 '새로운 겨울'을 이겨낼 수 있을까?

뭣이 중헌디? 안타까움을 되풀이한 지난 4년

몇 년간의 의정활동 경험들 중에서 가장 견디기 힘들었고 가장 안타깝게 느낀 것 중 하나가 이것이었다. '뭣이 중헌지 모르고' 감정 혹은 이해관계에 사로잡혀 국가와 국민 전체의 중대사에 '함부로' 임하고 아무 말이나 뱉어내는 정치인들의 존재. 헌법과 국가공무원법에서 정한 의무이자 책임인 동시에, 당선 후 첫 등원할 때 본회의장에서 '(개인이나 정당, 정파, 지역 이익보다) 국가와 국민 전체의 이익을 우선으로' 삼겠다고 엄숙하게 선서한 것은 아예 머릿속에서 지운 듯한 사람들의 존재였다. 심지어 그들이 정당의 대표자나 대변인, 고위 간부로 행세, 득세하고 한 지역의 패권자 내지 지배 권력자로 군림하면서 숱한 문제와 구설, 법적 논란, 불성실 등의 문제를 일으킬 때, 그럼에도 불구하고 오래도록 의원직을 독점하고 있는 걸 목격할 때면, 모든 공적 의욕과 신념이 무너져 내리는 경험을 했다.

2018년 2월, 평창 동계올림픽을 앞두고 국제올림픽위원회(IOC)와 미국, 유럽 등 전 세계가 환영하고 지지한 북한의 참가를 막고, 남북 공동 입장을 저지하기 위해 시위를 한 정치인들, 북측 대표가 지날 것으로 예상됐던 파주 통일대교 다리 위에 단체로 누워 창피한 해외 토픽을 만들어낸 우리의 정치인들. 이들은 일본의 무도하고 일방적인 강제징용 판결 보복을 위한 수출 규제 조치에도 우리 사법부와 정부를 비난하며 일본 편을 들었다. 충격과 슬픔, 고통에 빠진 세월호 피해 가족들을 능멸하고 조롱하기까지 했다. 한에 사무친 5·18 민주항쟁 학살 피해 가족들 가슴엔 대못을 박았다. 국민적 사랑을 받은 영화 〈변호인〉, 그리고 칸과 오스카 등 세계적 영화제를 휩쓴 영화 〈기생충〉마저 공개 비난을 하고 헐뜯었다. 그들은 '우리 편이 아닌' 쪽을 '진보 좌파 적대 세력'으로 규정하고 편을 갈라 혐오와 복수 감정을 쏟아냈다.

한편, 이 모든 행동은 자기편을 결집시키고 상대방에게 흠집을 내어 정치적 이익을 얻기 위한 언행들이었다. 그 결과가 국가와 국민에게 해롭고 사회 분열을 야기하며, 자신들의 입지와 위상을 전통적이고 무조건적인 지지층의 울타리 안으로만 한정시키는 패착인 것도 몰랐던 것 같다. 다른 쪽에선 이재명, 조국 등 논란의 대상이 되거나 수사와 기소, 재판을 받게 된 자기 진영 유력 정치인에 대한 호불호를 논하며 시끄럽고, 대통령 지지 정도의 차이, 검찰 수사에 대한 입장 차이 등을 둘러싸고 갈등 및 충돌하고 있다. 정치인들은 상대를 반대편이라고 인식하는 순간 무자비한 공격과 비난, 조롱을 쏟아낸다.

'뭣이 중헌디…' 지난 30년 가까이 각종 범죄와 크고 작은 사건을 접하며 느꼈던 안타까움을 되풀이 한 4년이었다. 조금 빨리 가겠다고, 내 앞에 끼어든 차량 운전자가 밉다고, 혹은 괜찮을 거라는 안이한 마음에 과속, 신호위반하고 중앙선을 침범하는 운전자들. 급제동하거나 위협운전, 음주운전을 일삼다가 소중한 생명을 무참히 짓밟는 사람들. 빚이 많거나 생활이 어렵다고 어린 자녀와 배우자를 살해하고 자살을 시도한 가장들. 아이의 나쁜 버릇을 고치겠다고 가혹한 아동학대를 자행한 부모나 어린이집 교사 같은 보호자들. 돈 때문에 살인하고, 무시당했다고 누군가를 죽이고, 이별하고 자신을 떠나려 한다고 과거의 연인을 살해하는 어처구니없는 흉악범들. 사소한 이익이나 사적 감정을 위해 정작 중요한 생명이나 안전, 자유, 인격, 자존감 등 '정말 중요한' 것들을 짓밟고, 훼손하고 파괴하는 범죄자들. 이들과 무개념 정치인들의 차이점은 무엇일까?

다음 선거에서의 공천이나 당선, 주요 당직, 정치적 입지 등 지극히 '사적인 이익'을 위해, 그 연장선에 있는 당파나 정당의 '집단적 이익'을 위해, 상대방을 흠집 내고 받은 만큼 돌려주려는 공격 욕구와 복수, 보복, 감정 분출을 위해, '정작 중요한' 국가의 이익을 놓치는 정치인들. 국민 전체의 복지와 행복, 환경 보존, 사회 통합 등을 저해하고 해치고 무너트리는 무개념 정치인들에게서, 앞서 언급한 비윤리적인 사람들과 차별화된 심리나 동기, 행태에서의 큰 차이를 발견하기는 어렵다. 그러나 결과에선 엄청난 차이가 있다. 바로, 이런 범죄자들 대부분은 법의 심판을 받고 뼈저리게 후회하지만,

정치인들이나 종교 권력자들은 자기 진영에서 지지와 응원, 격려, 보상, 후원 등을 받는다는 것이다. 그리고 그 행동을 지속하거나 오히려 승승장구한다는 것이다.

뉴질랜드 정치에서 배우는 '초당적 협력'

'통합 속 경쟁'의 규칙과 방법, 태도 및 자세를 배워야만 한다. 공정한 경쟁의 장에서 패배할 준비가 되어 있어야 하며, 깨끗한 승리를 위한 능력을 갖춰야 한다. 환경과 국가, 국민 전체를 위한 중대한 문제 앞에서는 통합하고, 서로 다른 정책과 이념, 이상 실현을 위해서는 경쟁해야 한다. 과거 우리처럼 지독한 정쟁과 수준 낮은 선동, 혐오와 복수 감정에 휩싸여 있던 많은 나라에서의 정치가 '통합 속 경쟁'이 이루어지는 정치 시스템과 문화로 변했다.

　지난 2019년 2월 '수상의 친구(Prime Minister's Fellow)'로 선정돼 뉴질랜드의 정부 초청으로 방문해 살펴본 뉴질랜드 정치가 대표적 사례다. 제신다 아덴 총리와 한 시간 대담을 한 후엔 제1야당 대표와 같은 시간 동안 면담했다. 아덴 총리는 "언제든 정권 교체가 이루어질 수 있는데, 이는 외교나 국방 등 중요한 국가적 사안의 경우 집권 정당과 관계없이 '연속성'이 지속되어야 하기 때문에 생긴 관행"이라고 설명했다. 야당 대표 역시 환담 중에 총리나 정부, 여당에 대한 비판을 전혀 하지 않았다. 이후에 참관한 국회 본회의 분위기 역시 사뭇 달랐다. 경제와 무역 정책을 두고 여야 간 설전이 뜨거웠다. 아시아-뉴질랜드 친선협회 소속 여야 의원들과의 회의에서는 서로가 정당색을 전혀 드러내지 않은 채한-뉴 교류와 협력의 크고 작은 이슈들에 대한 난상토론을 이어갔다. 이후에 발생한 크라이스트처치 테러 사건, 지진, 대형 산불 등의 재난, 미중 무역 및 화웨이 갈등, 교육 개혁 등 모든 국가적 사안에서 뉴질랜드 여야 정당들은 '초당적 협력(bi-partisan support)'을 해나갔다. 이를 통해 국민을 안심시키고 문제를 효과적, 안정적으로 바람직하게 해결하고 있었다.

캐나다, 스웨덴 등 다른 나라의 모습도 이와 크게 다르지 않다. 다른 나라 사례를 들어 아쉽지만 우리도 '할 수 있다'는 예시이기에 참조해야 한다. 아니, 우리에게 다가왔고 앞으로도 오랫동안 지속적으로 닥쳐올 겨울을 극복하기 위해선 반드시 정치 변화가 필요하다. 그러니 이러한 모범 사례들을 참고해야 한다. 드라마 〈왕좌의 게임〉에선 윈터펠의 맹주 스타크 가문이나, 불 뿜는 드래곤을 자유자재로 부리는 타가리엔, 웨스터로스의 절대 권력자 라니스터 가문 등 7왕국의 크고 작은 무수한 세력 중 어떤 하나의 군대나 한 집단만의 힘, 방식으로는 결코 막아낼 수도 물리칠 수도 없는 '겨울, 백귀의 공격'이 닥친다. 이들은 인류가 멸망할 수도 있는 이 위기 앞에서 정쟁과 내전, 복수와 감정을 모두 뒤로하고 하나로 뭉치기로 결의한다. 마찬가지로 우리 대한민국 역시, 보수나 진보, 여당이나 야당, 중도나 무당파, 모두까기 세력 등 어느 하나의 정치 세력만으로는 우리에게 닥칠 '겨울'을 결코 이겨낼 수 없다. 자신의 공천이나 당선, 자기 세력의 집권이나 권력 유지, 세력 확장에만 혈안이 되어 환경, 국가, 국민 전체의 이익에 반하는 언행을 하는 정치인이나 집단은 드라마 〈왕좌의 게임〉 속 악녀 '서세이' 여왕이나 '라니스터' 가문처럼, 결국 참혹한 최후를 맞게 될 것이다. 아니 그렇게 되도록 해야 한다. '뭣이 중헌지도 모르고' 차분함과 합리성, 이성을 멀리하고 정의와 공정에 대한 믿음을 저버린 채 제 식구 감싸기와 적대세력에 대한 공격과 복수 심리에만 사로잡혀 망동을 일삼는 이들도 마찬가지다. 영화 〈곡성〉의 중구네 가족이나 이웃 사람들처럼, 결국 비극적인 결말을 맞게 될 것이다. 정치인들과 정당들이 스스로 통합 속 경쟁을 향한 자기 혁신을 하지 못한다면, 시민과 사회가 이들을 갈아치우고 정치를 바꿔야 한다.

이미 우리 국민들은 지난 박근혜 정권을 탄핵하고 새누리당을 갈아치웠다. 하지만 매번 그럴 수는 없을 것이다. 국민이 수개월 동안 거리와 광장에 모여야 하는 국정농단 사태가 늘 발생하는 것이 아니니 말이다. 정치인과 정당의 잘못된 관행과 행태를 평가하고 바로잡는 국가와 국회, 정당을 만들고, 주권자 국민의 상시 감시와 심판이 이루어지는 시스템을 갖추는 게 급선무다. 선거관리위원회의 보다 엄중한 정치 감시 및 고발 기능 수행, 영국, 미국 등에서 운영하는 국회 윤리조사국 (혹은 위원회) 신설, 각 정당의 윤리 심판 시스템 정상화, 국회의원 국민소환제 도입 등이 대표적인 대안이다. 언론과 시민단체 등의 감시와 조사, 공개와 보도도 역시 중요하다.

제도 신설이나 기능 강화가 개선과 개혁을 자동으로 담보하는 것은 아니다. 제도와 기구를 움직이고 운용하는 '사람'이 무엇보다 중요하다. 주권자인 국민 다수가 정책 토론에 참여하고 의견 제시를 하는 등 정치에 활발히 참여해 자신의 대리인인 정치인을 '관리'해야 한다. 특히 특정 정당이나 정치인에 대한 무조건적 지지나 혐오에서 비롯된 편견과 선입견에 빠지지 않아야 한다. 쉽고 간편한 '정치적 편향성'에 빠지는 순간 국민은 나라의 주인, 주권자가 아니라 정치인과 정치 세력의 도구이자 수단으로 전락하고 만다. 그래서 '한 나라의 정치, 정치인은 그 나라 국민의 수준을 반영한다'는 말이 회자되는 것이라 할 수 있다.

2부

정의의 최전선을
고민하다

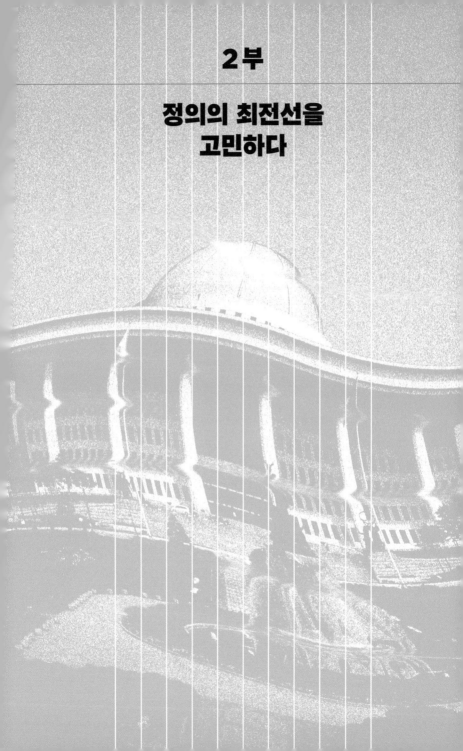

좀비 정치를 만드는

'악의 평범성'

우리 편은 선, 상대방은 악으로 규정하고 다름을 틀림으로 인식, 사실관계 확인이나 맥락, 입장 등을 무시한 채, 상대방 혹은 의견이 다른 이를 무조건 공격하고 물어뜯는 '좀비 정치'. 이것이 지난 20대 국회를 최악으로 만든 주된 요인이라고 할 수 있다. 비단 20대 국회만의 문제가 아니며, 정치인만의 문제도 아니다. 품격, 논리, 근거, 존중, 배려 등의 덕목과 가치를 내팽개치고, '적'으로 규정한 상대를 향해 잔혹하고 가학적인 공격을 퍼붓는 것만이 '정치'라고 착각한 이들이 활개쳐온 한국 정치 문화의 고질병이다.

이들은 약자, 피해자, 소수자에게 막말과 조롱을 퍼부어

댄다. 자신이 숭배하는 정치권력자를 비판하는 이들에게 집
단 린치를 가하고 '열심히 일했다', '큰 기여를 했다'고 자랑
하는 패륜과 사디즘. 이런 게 횡행하다 보니 정치 때문에 다
치는 사람도 많고 정치를 외면하는 이들도 많아지고 있다.
뇌와 심장이 멎은 상태에서 물어뜯고 먹어치우는 기능만 남
은 좀비, 우두머리의 지시에 맹목적으로 복종하는 영혼 없는
이들의 모습이 좀비와 많이 닮아 있다. 도대체 왜 이런 일이
일어나는 것일까?

전 세계에 퍼져 있는 '좀비 정치'

사실 좀비 정치는 오늘 대한민국에만 국한된 특이한 현상
이 아니다. 2016년 6월 16일 영국 웨스트요크셔에서 충격적
인 사건이 발생했다. 유럽연합 탈퇴(브렉시트) 여부를 결정
할 국민투표를 일주일 앞두고, 탈퇴 반대를 주장하던 하원
의원 조 콕스(노동당, 41세, 여성)가 주민 간담회를 여는 자리
에서 총을 맞고 사망했다. 범인은 유럽연합 탈퇴를 찬성하는

'영국 우선주의' 표방 극우파 소속의 52세 남성 토미 바이어였다. 그는 범행 현장에서 "영국이 우선이다!"라고 외쳤다. 법정에서는 이름을 묻는 질문에, 이름 대신 "배신자에게 죽음을, 영국에 자유를!"이라고 답한 것으로 보도되었다. 2019년 3월에는 뉴질랜드 크라이스트처치 시에 있는 한 이슬람 사원에 호주 국적의 백인 우월주의자 브랜턴 태런트(28세)가 총기를 들고 난입했다. 그가 난사한 총격으로 무려 50명이 사망했다. 이 끔찍한 인종차별 테러로 전 세계가 충격과 애도에 빠져 있을 때, 극우 성향의 호주 연방 상원의원 프레이저 애닝(캔버스 호주당 소속)은 이 사건이 (피해자인) '이슬람 이민자들 탓'이라는 망언을 해 공분을 샀다. 프랑스와 독일, 오스트리아 등 여러 유럽 국가들과 미국에서도 이민자들과 유색인종, 성소수자 등을 향한 차별과 혐오, 입장과 견해가 다른 대상에게 쏟아지는 무자비한 공격이 팽배하다.

정치적 견해나 입장 차이를 이유로 폭력을 가하는 '정치적 테러' 범죄의 발생은 대부분 유사한 메커니즘을 보인다. 우선 널리 알려진 정치인, 정당, 학자, 종교인 등 소위 '공인'의 '계산된' '혐오 발언(hate speech)'이 먼저 나온다. 두 번째 단계로 신문, 방송 등 대중매체가 이를 보도하거나, SNS 등 온라인 공간에서 많은 구독자를 가진 소위 '인플루언서'가 동일한 취지, 맥락의 내용에 자극적이고 과장된 표현이나 허위 사실 등을 교묘히 섞어서 전파한다. 세 번째 단계는 이에 자극받은 소위 '악플러(keyboard warrior)'들이 우후죽순 관련 기사나 영상, 맨션, 게시물 등을 퍼 나르고, 고조된 분노 감정과 공격성을 드러내 공유하며 이를 증폭시킨다. 그렇게 되면 공격의 대상자로 좌표가 찍힌 사람은 무차별 온라인 공격에 노출된다. 마지막으로 평소 신뢰하거나 자신과 성향이 일치한다고 생각하던 많은 사람들이 자신과 유사한 분노와 공격성을 표출하는 분위기에 고무된다. 그리고 분노를 참지 못하고 왜곡된 정의감에 사로잡혀, '나도 뭔가 기여를 하고 싶다', '이대로 가만히 있어선 안 된다'고 생각하며 물리적 폭력을 행사하게 된다. 즉, 최초 혐오 발언을 내뱉은 정치인 같은 '공인'은 지지자를 결집하거나 부담스러운 사안에 회피하는 등 자신이나 소속 집단의 이익을 위해, 추종 집단이나 대중에게 공격 신호를 보낼 뿐이다. 실제 말단 현장에서 명예훼손이나 모욕, 폭력이나 살인 등 '혐오 범죄'를 저지르는 이들은 피해자와 아무런 이해관계가 없는 경우가 대다수이다. 자신과 아무런 접점 없는 대상에게 가혹한 공격을 가하는 '좀비'의 모습이다. 정도의 차이는 있지만, 정치적 경쟁자나 의견이 다른 대상자에게 공격과 폭력을 선동하고 부추기는 이러한 좀비 정치는 대부분의 국가에서 판을 치고 있다. 또한 심각한 사회문제로 대두되고 있다. 가까운 일본의 '혐한 선동 정치'도 '좀비 정치'와 유사한 사례이다.

600만 명을 학살한 '악의 평범성'

평범한 시민을 무자비한 좀비로 만드는 것이 도대체 어떻게 가능할까? 제2차 세계대전 당시 나치 독일이나 일본 제국주의 군경이 행한 잔악한 반인륜 범죄에 경악한 사람들이 가졌던 질문도 이와 같았다. 유태인, 전과자, 성소수자, 정신질환 병력자 등 단지 '순수 아리안 혈통 백인 주류'와 다르다는 이유만으로, 총 600만 명이 넘는 무고한 사람들을 학살한 나치 독일. 영장, 기소, 재판 등 정식 절차도 없이 마구 체포하고, 수용소에 감금하고, 강제노역과 생체실험 등에 이용하다가 집단 학살을 자행하는 각 단계별 행위에 가담한 군인, 경찰, 공무원, 그리고 '유겐트' 소속 어린이, 청소년들. 이들 대부분은 사이코패스 등 특이한 정신병질환자나 이상성격자가 아닌 그저 평범한 이웃이었다. 전쟁이 끝난 후 이들 전쟁 범죄자들에 대한 재판을 방청하며 그 의혹을 해소하려고 노력했던 철학자 한나 아렌트는 그의 저서 《예루살렘의 아이히만》에서 이를 '악의 평범성'이라고 칭했다.

미국 예일 대학교 심리학 교수였던 밀그램은 실험을 통해서 보다 상세하게 이를 규명하고 입증했다. 밀그램은 한 시간당 4달러의 수당을 주고 '체벌의 학습 효과'에 대한 실험을 진행했다. 다양한 직업을 가진 20~50대 평범한 남자 시민 40명이 지원했다. 밀그램이 설계한 이 실험은 이들에게 교사 역할을 맡긴 뒤 학생(사실은 배우)에게 주어진 질문을 하도록 하고, 그 답이 틀리면 버튼을 누르게 한 간단한 실험이었다. 그러나 특이한 점이 있다면 교사에게 내려진 지시에 있었다. 교사들에게는 학생에게 전기충격 장치가 연결되어 있다는 안내(실제 전기충격은 없음)와 함께, 버튼을 한 번

누를 때마다 15볼트씩 전압이 올라가며, 최고 450볼트에 이를 때까지 틀린 답에는 무조건 버튼을 눌러야 한다는 지시가 내려졌다. 학생의 건강 상태에 따라 300볼트 이상이면 위험할 수도 있고, 450볼트가 될수록 사망 가능성이 높아진다는 설명도 따랐다. 다만 어떤 결과가 발생하든 실험 참가자의 책임은 아니며, 학생이 어떤 고통 반응을 보이더라도 끝까지 버튼을 누르는 것이 '교사의 역할'이라는 점이 강조되었다. 흰 가운을 입은 실험 감독관은 교사 역할 참가자가 주저할 때마다 '계속 진행하세요. 실험을 위해서는 계속 진행해야 합니다. 당신에게는 버튼을 누르는 것 외에 다른 선택은 없습니다'를 반복, 종용했다.

결과는 충격적이었다. 65%에 달하는 26명의 참가자들이 마지막 450볼트까지 버튼을 눌렀다. 아울러 40명 모든 참가자들이 땀을 흘리고 한숨을 쉬고 입술을 깨물고 경련을 일으키는 등 극도의 스트레스 반응을 보이면서도, 300볼트까지 버튼을 눌렀다. 밀그램은 상황을 바꿔가며 여러 차례 실험을 반복했고 다른 심리학자들에 의한 검증 차원의 실험도 반복되었다. 조건에 따라 비율의 차이가 발생했고, 초기

단계에서 4달러를 포기하고 실험을 그만둔 사람도 나왔다. 특히 혼자서 교사 역할을 할 때보다 두 사람이 함께 실험에 참가할 때 중단과 저항 비율이 급격히 높아지는 의미 있는 결과도 도출되었다.

밀그램의 실험이 시사하는 '악의 평범성이 작동하는 원리'는 이렇다. 첫째, 대다수의 평범한 사람들은 크고 중요한 사회 문제나 충격적인 사건 등을 접할 때 '전문성이나 정보 부족'을 인식하고, 자신이 신뢰하는 집단이나 사람, 혹은 소속된 조직의 지휘부나 상급자에게 판단과 의사 결정을 맡긴다. 그들의 권위를 인정한다. 둘째, 이러한 상황에서 스스로를 독립된 주체가 아니라 자신을 다른 사람의 뜻을 이행하는 도구라고 인식하게 된다. 셋째, 그렇게 되면 자신이 하는 모든 행동과 그 결과가 자신의 책임이 아니라고 생각하게 된다. 관점의 이동이 일어나는 것이다. 넷째, 이 상태가 되면 도덕과 윤리의 무장해제가 이루어지게 되고 시키는 일은 무엇이든 하게 되는 '복종' 상태가 조성된다. 다섯째, 하지만 모든 사람에게 자동적으로 '복종'이 발생하는 것은 아니다. 스스로의 의지로 그만두거나, 공감하는 동료와 함께 자신의 불이익을 감수하며 저항하고 중단하는 것도 가능하고, 또 실제로 그런 저항이 발생한다.

확산되는 가짜뉴스, 국가 사이버 테러…
좀비 정치가 만들어낸 역병들

평범한 사람들이 노예 학대, 인종 차별, 테러, 학살 등 인류가 추구하는 가치에 반하는 잔혹하고 가학적인 범죄를 저지르는 것이 '악의 평범성'이다. 그 원인과 심리와 과정이 '권위에 대한 복종' 메커니즘 때문이라는 것을 알게 된 인류는 이를 막기 위해 온 힘을 다하고 있다. 민주주의와 인권 향상을 위한 법과 제도, 문화 구축과 확산 노력이 범세계적으로 행해지고 있다. 국제연합(UN) 등 국제기구와 국제사면위원회(AI) 등 국제적 비정부단체 및 문화예술계의 공통된 노력이 각 국가의 현실을 변화시키는 촉매제 역할을 하기도 한다. 한 명 한 명의 인간을 국가나 이념 등의 '수단'으로 보는 것이 아니라 각자의 생명 그 자체를 '목적'으로 하는 '인간의 존엄성' 가치에 대한 강조도, 역시 그 중심에 있다. 차이와 다양성을 인정하고 자유와 개성을 존중하는 '열린 사회' 역시 전체주의적 집단 심리가 만들어내는 '악의 평범성'을 방지할 수 있는 강력한 체제이다. 국가나 정부, 정당, 비정부 세력 등이 다수의 동의나 참여를 얻어 세상을 변화시키거나 거대한 사업, 운동 등을 추진하려면 사실과 정보, 논리와 정성으로 공감을 이끌어내고 설득하는 지난한 노력을 해야만 한다.

그 힘든 고난이도의 전문적인 노력 대신 쉽게 목적을 달성할 수 있는 방법이 밀그램의 실험 설계와 같은 '권위에 대한 복종 시스템'을 가동하는 것이다. 다시 말해, '악의 평범성'이 횡행한 '좀비 정치'가 바로 그것이다. 좀비 정치를 만들려는 시스템하에서, 외부의 위기와 위협, 악하고 불의한 상대방의 음모와 의도를 과장한 정치인이나 인지도 높은 오피니언 리더는 상대에 대한 비난과 공격, 가짜뉴스를 흘린다. 이를 언론과 SNS 등을 통해 확대 재생산 유포한다. 그렇게 정확한 정보나 깊은 내막을 알 길 없는 자기편 시민들을 선동해 마치 총을 쏘듯 막말과 욕설, 비난을 상대에게 퍼붓도록 유도한다. 그 결과 상대편이나 의견이 다른 사람, 불편한 대상은 지옥과 같은 고통을 겪게 된다.

　지난 이명박, 박근혜 정권은 국정원과 군 사이버사령부 등 국가기관은 물론, 여러 관변단체와 윤 모 목사 주도의 '십자군 알바단' 등을 총동원해 시민들을 선동하고 여론을 조작했다. 그렇게 청년들을 우군화시켰다. 그들을 보수 돌격대, 총알받이로 만든 '국가 사이버 테러' 범죄는 거대한 '좀비 정치'의 표본이다. 이에 대응한다며 같은 방식을 사용한 소위 '드루킹' 집단의 범죄행각도 있었다. 만일 지금도 이와 유사한 시도가 자행되고 있다면 철저히 밝히고 엄중히 처벌해야 한다. 여야를 막론하고 지지층을 선동해 내·외부의 적이나 불편한 대상을 가혹하고 가학적으로 공격하는 '좀비 정치'는 결코 용납되어선 안 된다. 아무리 좋은 목적, 선의가 있다고 해도 용납되기 힘들다. 좀비 정치는 제2차 세계대전 이후 악의 평범성을 극복하고 물리치기 위해 혼신의 힘을 다해온 인류 전체의 노력을 물거품으로 만드는, 너무도 어리석은 구시대적 망동이기 때문이다.

혐오, 막말… 선동은 부메랑처럼 돌아온다

20대 국회 기간 중 5·18 광주 민주화 항쟁 피해자와 가족, 세월호 참사 피해 가족, 성소수자 등을 향한 정치인의 막말과 이에 대한 여론 보도, SNS 등 온라인 인플루언서의 혐오 증폭이 계속되어왔다. 또한 이에 영향을 받은 일베와 극우 단체 및 보수 지지층 학생, 청년, 직장인, 구직자, 주부, 은퇴자 등 지극히 평범한 사람들의 막말 혐오 댓글과 온라인 공격, 폭식 투쟁, 폭력 집회 등 패륜적 행동이 이어져왔다. 피해자들은 지옥 같은 고통을 겪어야 했고 그 과정을 지켜본 국민은 선거 투표와 여론 지지율로 그들을 응징했다. 그뿐 아니다. 특정 정치 세력이 좀비로 만든 사람들 중 다수가 그들의 상황이 변하자 자신을 좀비로 만든 그 정치 세력 소속 정치인들에게 잔인한 공격과 비난의 '전기충격 버튼'을 열심히 눌러대는 일도 있었다. 잘못과 문제를 감추고, 자신들에게 도전하거나 비판하는 불편한 상대를 폭력적으로 공격해 침묵시키고 위기를 넘기려고 던진 '선동의 부메랑'이 자신에게 되돌아와 스스로를 아프게 때린 것이다. 많은 반성과

참회의 목소리들이 나오는 가운데 일부는 반성 대신 '부정선거'라는 또 다른 '선동의 부메랑'을 열심히 던지고 있다.

　이것은 보수 정당만의 문제가 아니다. 모든 정당과 정치 집단, 정치 세력, 정치인은 '좀비 정치', '선동의 부메랑'을 날려 지지자들이 무조건 자신을 보호해주도록 조종하고 싶은 유혹, 상대를 물어뜯는 '악의 평범성' 기제를 작동하려는 유혹에 빠지기 쉽다. 좀비 정치는 매우 쉽고 간편하고 확실한 성과를 거둔다. 하지만 그 효과는 결코 오랫동안 지속되지 않는다. 언젠가는 부메랑처럼 돌아와 부끄럽고 참담한 대가를 치르게 한다. 참다운 정치인, 현명한 정치 집단이라면 결코 악마의 유혹에 빠져선 안 된다.

팬덤 정치가 위험한 이유

미국 트럼프 전 대통령 역시 참 나쁜 '현대판 좀비 정치'의 전형적 사례다. 도널드 트럼프는 제2차 세계대전과 이어진 공산 진영의 대중 선동, 선전 '좀비 정치'에 맞서 미국을 중

심으로 자유 진영이 힘을 합쳐 구축해온 민주주의를 근본부
터 뒤흔들었다. 상식을 가진 사람이라면 누구나 고개를 절레
절레 흔들 국수주의, 인종주의에 기반을 둔 극단적인 주장과
허위 사실, 가짜뉴스를 남발하며 지지자들을 선동하고 동원
했다. 인간의 이기적 욕구를 자극해 약자와 소수자를 공격하
고 국제 사회와의 약속을 파기했다. 그리고 동맹을 당황하게
만들었다. 그가 내뱉은 차별과 혐오의 선동 구호들은 백인
우월주의자와 인종차별주의 경찰관들의 폭력과 살인, 코로
나19의 대대적인 확산 참사로 이어졌다. 급기야 2021년 1월
6일, 미국 민주주의 상징인 국회의사당(Capitol Hill)은 무장
폭력 트럼프 지지자들에 의해 점령되고 말았다. 트럼프는 재
임 기간 중 숱한 문제와 위기를 모면해왔다. 그러나 그는 '좀
비 정치'로 대통령이 되었고, 결국 '악마와의 계약'은 자신
과 공화당 그리고 미국에 회복하기 어려운 피해를 남겼다.

'좀비 정치'를 극복하는 방법은 무엇일까? 무엇보다 정
치 지도자들의 각성이 필요하다. 트럼프는 적극적으로 팬덤
을 구축하고 이를 이용하면서 지지자들을 '좀비화'시켜가는
매우 드문 정치인이었다. 대부분의 경우 언론 홍보나 대중

소통을 담당하는 참모나 대행업체가 이를 주도한다. 이들과 계약 혹은 협력관계인 단체나 동호회 등이 이에 동조하고, 기자나 언론인 혹은 온라인 인플루언서 등이 가세해 팬덤이 구축되고 발전한다. 이렇게 형성된 정치인 팬덤은 경쟁관계 혹은 적대적 관계인 정치인이나 대상자를 공격하면서 동질 감을 얻게 되고, 소속감이 증폭하며 점차 적극적으로 변하게 된다. 모든 팬덤 정치가 좀비 정치로 바뀐다고 속단할 수는 없다. 그 경계 역시 모호하다. 그러나 좀비 정치의 전 단계에 '팬덤 정치'가 형성되는 것은 부인할 수 없는 사실이다.

사적인 이익을 챙기는 중간 업자나 기획자들이, 이 팬 덤 정치가 좀비 정치가 되지 않도록 스스로 자제하고 물러 설 가능성은 거의 없다. 결국 더 나은 세상을 위해 헌신하겠 다는 공의를 가진 정치인과 일반 지지자들이 자신들과 사회 를 병들게 하는 좀비 정치의 해악을 깨닫고, 정치 업자와 기 획자들의 거짓 선동, 부추김을 물리치고 이겨내는 수밖에 없 다. 그렇지 않으면 몇몇 사례에서 보듯이 좀비 정치는 부메 랑처럼 돌아와, 우리를 물어뜯을 것이다.

영화 〈기생충〉에 빗대어 본

한국적 아노미

미국 사회학자 로버트 머튼은 미국이나 우리나라처럼 성공의 잣대가 돈과 권력으로 획일화된 사회에서는 극히 일부만 성공하고, 대다수의 시민은 패배자가 될 수밖에 없다고 지적했다. 그런데 정치인들이나 학교, 대중매체에서는 다양한 '성공신화'를 보여주며, '당신도 노력만 하면 성공할 수 있다'는 아메리칸 드림, 코리안 드림을 부추긴다. 머튼의 연구에 따르면 이렇게 모순된 사회 속에서 사람들은 '목표와 수단의 불일치'로 인해 가치관의 붕괴를 겪고, 사라진 규범 속에서 사회적 혼란을 맞닥뜨린다. 그리고 시민은 사회적·개인적 불안정 상태인 '아노미(anomie)'에 빠지게 된다. 시민들은 이런 아노미 상황에서 살아가기 위해 대개 다섯 가지 유형의 적응 행태를 보인다.

첫 번째 유형은 부자나 권력자가 되기 위해 사회에서 제시하고 요구하는 가치와 방식, 수단을 열심히 받아들이고 추구하는 '동조형 인간'이 되는 것이다. 두 번째 유형은 돈과 권력을 목표로 삼되 이를 위해 불법, 탈법, 일탈, 부도덕 등 권장되지 않거나 금지되는 비정상적인 수단과 방법에 의존하는 '혁신형 인간'이 되는 것이다. 세 번째 유형은 성공이 극히 소수의 금수저나 천재들에게만 허용되는 것이라는 현실을 깨닫고 거창한 꿈과 목표를 포기한 채 생존과 가족 부양을 위해 힘든 일상을 성실히 살아나가는 '의례형 인간'이 되는 것이다. 네 번째 유형은 성공에 대한 목표나 기대는 물론, 힘들고 지겨운 노동과 일상생활마저 포기하고 세상을 등진 채 낙오자로 살아가는 '은둔형 인간'이 되는 것이다. 마지막으로 다섯 번째 유형은 성공을 위해 경쟁하고 노력하라는 사회의 기대와 요구를 거부하고, 모순되고 불합리한 세상에 저항하거나 불의한 사회 체제를 변혁하기 위해 저항하는 '반항형 인간'이 되는 것이다.

물론 이 다섯 가지 유형은 고정되어 있지 않고 유동적
이다. 경쟁에서 밀리거나 실수하거나 더 힘이 센 권력자의
눈 밖에 난 '동조형 인간'이 꿈을 포기한 '의례형 인간'이 되
기도 하고, 좌절감에 마약이나 알코올 중독에 빠져 '은둔형
인간'으로 전락하기도 한다. 때론 경쟁자를 청부 살해하거
나 회사 돈을 횡령하는 등의 불법적 수단에 의존해 '혁신형
인간'으로 타락하기도 하며, 일부는 혁명에 투신하는 '반항
형 인간'이 되기도 한다. 머튼이 제시한 아노미 문제의 해결
책은 가치와 성공 기준의 다양화다. 그 변화에는 힘들고 오
랜 여정이 필요하다. 그 과정에서 국가 사회의 지속가능성
을 유지하기 위해 정치, 국가 경영이 해야 할 최우선 과제는
사회에서 가장 다수를 차지하며 생산이나 소비, 여론과 투표
등 정치의 중추와 주력에 해당하는 '의례형 인간'들의 이탈
을 막는 것이다.

　　주로 노동자, 농민, 도시 서민과 공무원 및 자영업자와
중·소상공인 등 중산층에 해당하는 이들은 부와 권력으로
상징되는 '성공'을 향한 강한 동기가 없다. 주로 생존과 가족
부양을 위해 학교와 사회에서 배우고 훈련받은 대로, 지루

하고 반복적인 일상을 이어나가야 한다. 때문에 유혹과 스트레스 등의 외부 영향에 흔들리기 쉽다. 실패에 좌절하고, 가족 갈등에 감정이 폭발하고, 가진 자들의 갑질과 불공정한 상황 때문에 분노에 휩싸이기도 쉽다. 그 결과 준법과 윤리 도덕규범을 포기하고 범죄를 택하는 '혁신형 인간'이 되거나, 일상과 가족을 지키는 성실성을 포기하고 '은둔형 인간'으로 전락한다. 또는 투쟁과 저항에 나서는 '반항형 인간'으로 변한다. 이런 이들이 많아지게 되면 사회의 통합성과 안정은 흔들리고 지속가능성은 저하된다. 국가와 사회 체제의 지속성과 안정을 바란다면, 주류 정치 집단과 국가경영 엘리트들은 교육, 문화 복지, 촘촘하게 설계된 보상 체계를 통해 끊임없이 '의례형 인간'들의 삶을 살피고 지지하고 보호해 나가는 데 전념해야만 한다.

아노미적 상황에 적응하는 다양한 인간 군상들

영화 〈기생충〉은 머튼이 제시한 사회적 아노미와 이에 적응하는 다양한 유형의 인간 군상을 생생하고 흥미롭게 보여준다. 유명 건축가가 지은 호화 주택은 아노미적 한국 사회의 '성공'을 상징한다. 이 집의 주인, IT기업 대표 박 사장 가족은 성공한 '동조형 인간'의 표본이다. 큰 욕심 없이 하루하루 주어진 일을 성실하게 하며 살아가던 '김 씨 가족'과 박 사장 집 운전기사 '윤 기사', 가사 도우미 '문광'은 평범한 '의례형 인간'들이다. 사업 실패로 큰 빚을 지고 채권자들을 피해 박 사장 집 지하에 숨어 사는 '근세'는 '은둔형 인간'이다. 그러나 평범했던 '김 씨 가족'은 박 사장 자녀의 과외 자리가 제공하는 '돈'을 위해 자격과 신분 위조라는 범죄를 저지르며 '혁신형 인간'으로 변신한다.

박 사장 일가가 보여주는 '한국형 동조형 인간'의 대표적인 문제점은 '공감 능력 부족'이다. 그들은 모든 걸 다 가지고 부족할 것 없이 누리며 살아가는 자신들만의 협소한 시각과 기준으로 다른 사람들을 대하고 이해한다. 김 씨 가족에게서 나는 '냄새'의 특성을 지하철을 타는 대다수 '의례형 인간'의 냄새로 연결하며 서민 전체를 미개한 존재인 듯 무시하고 경멸한다. 돈과 권력을 가진 자신들에게 순응하고 복종하는 눈앞의 모습이 이들의 본성이고 진면목이라고 착각한다. 그래서 그들의 인격과 자존심을 짓밟는 말과 행동을 일상적으로, 아무렇지도 않게 행한다. 생존과 가족 부양의 수단인 '돈'을 위해 힘들고 구차한 일상을 견디던 '김 씨 가족'의 가장 '기택'은 결국 고조된 갈등과 긴장 상황에서 분노를 폭발한 뒤 숨어 지내는 '은둔형 인간'이 된다. '대왕 카스텔라' 사업이 상징하는 '코리안 드림'의 희생자라는 공통점을 지닌 기택과 근세, 그들은 평범한 직장인이었다가 국가 경제 상황 악화 때문에 구조조정을 당해 밖으로 내몰린다. 그 뒤, 손쉽게 '대박의 꿈'을 이룰 수 있다는 언론과 광고에 속아 모든 것을 다 날린 사람들이었다. 이들의 몰락은 '의례형 인간 지키기'를 소홀히 하고 등한시한 주류 정치 집단과 국가경영 엘리트들의 책임이다. 물론 이 문제는 지금도 현재 진행형이다.

'의례형 인간'들을 '은둔형'과 '혁신형'으로 내모는 사회

1990년대 말, 무능한 정치권력과 무책임한 경제·산업 지배 세력이 국가부도 위기를 초래한 뒤 대한민국에는 '사회적 아노미'가 찾아왔다. 평생직장의 개념이 무너졌고, 성실한 땀과 노동에는 정직한 보상이 뒤따른다는 사회적 신뢰도 깨졌다. 아무 잘못도 없이, 성실하게 제 역할을 해오던 수많은 직장인 노동자들이 '희망퇴직'이라는 이름으로 자신들을 희생해 기업의 구조조정에 도움을 주었고, 서민들은 장롱 속 금붙이를 꺼내 놓으며 국가 경제를 살려놓았다. 그러나 위기를 벗어난 부자와 엘리트 권력자들은 자신들의 기득권과 지배력을 공고히 하는 데만 혈안이 되었다. 공공 개발 계획 정보 등을 이용해 땅 짚고 헤엄치기식 부동산 투자와 주식 투자를 했고, 이를 통해 돈을 벌고 불린 이들은 건물을 짓거나 사서 높은 임대료를 받았다. 그렇게 호의호식과 사치 향락을 즐기며 부를 과시했다.

　가진 자들의 도덕적 해이를 목격한 서민들 사이에서 빚을 내서라도 부동산 투기를 하고, 세금은 피하고 줄이는 게

미덕이며, 다운 계약이나 위장전입 등 처벌만 받지 않는다면 속이고 위조하고 변조하는 것도 능력이라는 풍조가 만연하기 시작했다. 각자도생, 알아서 챙기고 생존하라는 정글의 법칙이 상식이 되는 세상에서 조희팔, 주수도의 '제이유' 및 'IDS 홀딩스' 등 다단계 금융사기가 판쳤다. 이들은 정치인 및 관련 공무원들의 뇌물 비리와 유명인, 연예인 등의 지지와 참여를 등에 업고 수많은 피해자들의 전 재산을 빼앗았다. 그들의 가족과 인생을 무너뜨렸다. 직장을 잃거나 사업에 실패하거나 혹은 사고 피해를 당한 뒤 국가와 정부, 공적 시스템을 믿지 못하고 사회 혼란에 불안을 느낀 수많은 이들이 도박이나 알코올 혹은 약물 중독에 빠졌다. 또는 사이비 종교에 돈과 삶과 영혼을 강탈당하거나 가족에게 등을 돌린 채 피폐한 '은둔형 인간'으로 내몰렸다. 삶을 포기하고 극단적 선택을 하는 자살자까지 늘었다.

겉으론 품위와 교양을 내세우고 속으론 쾌락과 사치 욕구로 가득 찬 〈기생충〉 속 박 사장 일가의 위선과 갑질은 우리의 현실 사회에선 더욱 심각하고 노골적이다. 일부 재벌과 그 자녀들은 서민 무시, 차별과 막말을 일삼고, 심지어는 조폭을 동원한 보복 폭행을 가한다. 직원과 운전기사 및 가사 도우미에게 폭력과 폭언을 행하고, 마약 운반과 판매 및 복용은 물론, 성 착취 영상 유포에 이르기까지 소위 '상류층 체면치레'마저 걷어차고 밑바닥 모습을 보여준다. 성적 경쟁과 학업 스트레스에 내몰린 학생들은 부모의 경제력에 따른 사교육 격차로 인해 일찍부터 진학과 성공을 향한 꿈을 포기한다. 품행장애, 학교폭력으로 시작해 가출을 하고, 절도 등 범죄의 세계로 빠져드는 청소년도 늘고 있다. 영화 〈기생충〉 속 '기우'와 '기정'은 그나마 성실성과 사회규범을 최대한 지키려는 '의례형 인간'의 유형을 지키던, 일탈의 정도가 현실 속 '혁신형 인간'에 비해 낮은 청년들이다. 일베나 n번방 가입 청소년 및 청년들의 일탈과 불법, 규범 파괴 및 가학성은 이제 우리의 상상 범위를 훨씬 넘어서는 수준이 되었다.

〈기생충〉에는 없는 '반항형 사회 엘리트'가 필요하다

돈과 권력이라는 희소하고 획일화된 가치만을 성공의 기준으로 삼는 아노미적 사회. 이 불합리하고 불의하고 불공정한 체제와 구조를 깨부수거나 근본적으로 변혁하려는 '반항형 인간'이 봉준호 감독의 영화 〈기생충〉에는 보이지 않는다. 감독은 어쩌면 그 역할과 기능을 관객에게 맡겼는지도 모른다. 그런데 같은 감독의 다른 영화 〈설국열차〉는 다르다. 이 영화의 초점은 아예 혁명적 반란을 일으키는 커티스와 꼬리 칸 사람들에게 맞춰져 있다. 〈설국열차〉의 반란이 결국 국가 체제를 상징하는 열차 자체의 파괴와 대량 살상으로 이어졌듯, 현실 속 수많은 혁명도 많은 피와 희생, 반동과 새로운 지배 계층 및 체제의 등장이라는 허무한 결과로 이어지고 말았다. 반면에 소수의 '반항형 인간'들이 추동하고 다수의 '의례형 인간' 및 '은둔형 인간'들이 동조하고 동참해서 일으킨 선거 혁명, 정권 교체 등 정치적 변혁은 자유와 평등, 인권을 향상시키며 아노미 현상을 치유하고 사회의 통합성과 지속가능성, 안정성을 회복시켜왔다.

그렇다면 아노미를 미연에 방지할 수 있는 방법은 무엇일까? 현 체제(status quo)의 지배세력인 보수 정치 집단과 권력 엘리트들이 전문성과 조직적 행정 및 경영 기술, 노블리스 오블리제 등을 통해, 사회의 중추이자 대다수인 '의례형 인간'들이 준법 시민으로 살아갈 수 있도록 시스템을 만들면 된다. 현실에 만족하고 소소한 일상의 행복을 느끼며 살수 있도록 말이다. 이것이 안정된 민주주의 체제가 지속되는 유럽 등 여러 나라의 정치 현실이다. 그런데 보수 정치 집단과 권력 엘리트들이 기득권에 안주하고 부패해 경제, 사회, 문화, 시스템을 왜곡시켜서 불공정과 불합리, 불의와 부조리가 심해지고 다수의 '의례형 인간'들이 '은둔형'이나 '혁신형'에 적응을 하게 되는 아노미 상황이 초래된다면, '반항형' 진보 정치 집단과 사회 엘리트들이 정치적 노력과 운동을 통해 사회 체제와 구조를 변혁해야 한다. 부패와 불공정이 심해진 나라에서 반항형 사회 엘리트들이 용기 있게 나서서 혁신을 이루어내지 못하거나, 부패 권력이 이들을 지나치게 탄압할 경우 그 나라와 사회는 아노미 상황에 빠지게될 것이다. 또한 정치·사회적인 불안정이 심해져 독재 철권통치 혹은 소요 사태나 내전 상황의 양극단 중 하나로 치닫게 될 수도 있다.

아노미가 아닌 안정된, 정상적인 사회라면 일상의 평온

과 지루함을 견디고 살아가는 '의례형 인간'들이 공동체의 중요한 의사결정을 하는 '정치인', '동조형 엘리트' 역할을 맡았다가 다시 일상의 '의례형' 삶으로 돌아오는 순환 시스템이 정착되어야 한다. 정치가 제 역할을 한다면, 아노미를 미연에 방지할 수 있고, 설사 아노미 상황이 초래된다 하더라도 이를 치유하고 사회 통합성을 되찾을 수 있다. 사회통합성이 회복된 정상 사회에서 정치는 결코 '특별한 동조형 인간들만의 전유물'이 아닌 상식적이고 합리적인 '공동체의 합의 장치'가 될 것이다.

그동안 우리 사회는 김대중, 김영삼, 노무현으로 대표되는 '반항형 사회 엘리트'들이 용기 있게 나서서 정치 혁신을 이끌어왔다. 이들은 스스로 대통령이 되고 집권세력이 되어 사회 체제 변혁의 주체가 될 수 있는 기회를 부여받았다. 하지만 과거에 함께 '반항형 엘리트 그룹'으로 저항하며 사회 변혁을 위해 싸우던 학생 운동권 혹은 민주화 운동 동지나 후배들 중에는 돈이나 권력, 공적 지위 등을 탐하며 급속히 사회 기득권 세력인 '동조형'으로 탈바꿈한 사례도 있다. 과거엔 타도와 공격의 대상이었다가 새로운 혁신적 권력에 협조하면서 진보 정권에서 동조형 기득권 엘리트로서의 권력을 갖게 된 이들 때문에 개혁과 혁신이 후퇴하고 좌절하고 공격받는 현상이 반복되니 무척 안타깝다. 아울러 늘 우등생 천재 혹은 우수 인재로 칭송받으며 성공가도만 달려온 전형적인 '동조형 엘리트'였던 판검사, 변호사, 교수, 의사, 군 장성, 고위 공무원들이 정치인의 길에 들어섰다가 선거법이나 정치자금법 위반 등의 '혁신(일탈)'형 범죄자가 되는 현상도 자주 목격되고 있다.

그런가 하면 낙선이나 당내 계파 갈등, 막말 등의 스캔들에 휘말려 자의 혹은 타의로 정계 은퇴를 하거나 대중의 시선에서 사라져버려 특별한 직업이나 역할 없이 소일하는 '은둔형 인간'으로 전락하는 일도 자주 발생한다. 그러나 정치권력을 추구하는 사회 최상층 '동조형 엘리트'의 길에 들어섰다가 큰 욕심 없이 자신이 할 수 있는 노동이나 기술로 가족을 부양하고 생계를 이어가는 보통의 '의례형 인간'으로 돌아간 정치인, 혹은 그 반대의 경우를 찾기란 무척 어렵다. 권력이라는 욕구와 환상, 치열한 경쟁이 야기하는, 마약이나 도박처럼 아드레날린과 도파민 등이 분출되었던 극적인 경험이 일상의 지루함을 견디기 어렵게 만들 것이다. 그런 '특별한 기회, 경험'이 평범한 일반인들에겐 허용되지 않으니 말이다.

스스로 아노미에 빠진 국회와 정치

과연 대한민국 정치는 그 역할을 제대로 하고 있을까? 이명박 한나라당, 박근혜 새누리당 두 보수 정권은 부패와 무능, 국정농단으로 우리 사회에 아노미를 초래했다. 4·19와 5·18 그리고 6월 항쟁이 그랬듯 소수의 '반항형 정치 사회 엘리트'들과 다수의 '의례형' 및 '은둔형' 시민들이 '촛불 혁명'을 일으켜 보수 정권을 교체했다. 이제 진보 정치 집단과 정치인들이 오래된 체제와 구조를 개혁해 아노미를 치유하고 사회통합을 되찾아야 할 시간이다.

그런데 정치 개혁의 첫발인 개헌 시도는 좌절되었고, 다당제 민주주의를 목표로 했던 연동형 비례대표제는 위성정당 논란과 소동을 겪으며 참담하고 부끄럽게 왜곡되고 좌초된 상태다. 패스트트랙 동물 국회 난리를 겪으며 통과시킨 공수처법과 사법개혁 법안 역시 극심한 갈등을 겪고 우여곡 절 끝에 현실화 과정을 밟고 있다. 하지만 아직 실체로 구현 되지 않았으니 추이를 지켜봐야 한다. 노동자와 농민, 자영 업자와 소상공인 등 전통적인 '을'들에게 주도권과 힘을 부 여하는 '소득주도 성장', 첨단 신산업 육성을 통해 산업구조 를 변혁하는 '혁신 성장', 대기업과 중소기업 및 원청과 하청 간 상생과 공존을 도모하는 '공정 경제'가 대표하는 '경제 개 혁' 역시 아직 걸음마 단계다.

그런가 하면 서로의 이념이나 가치, 정책 방향의 차이 때문에 논쟁과 대결의 대상이 되는 영역도 있다. 하지만 선 거 때마다 서로 경쟁하며 공약으로 내건 사안마저 야당은 무조건 반대, 여당은 힘, 숫자로 밀어붙이는 방식을 무한반 복하고 있는 중이다. 민의를 모아 토론과 논쟁, 협상과 타협 을 해나가는 '정치'를 통해 입법과 정책을 만들어가야 할 국 회가 제 역할을 하지 않고 파행과 투쟁, 일방적 밀어붙이기 와 무조건 반대의 당리당략만 활개 치는 상황은 가히 '국회 아노미', '정치 아노미' 상태라 할 수 있다. 이런 정치 아노미 상태가 되면 다수의 정치인들은 공적 목표의식을 상실한 채 각자의 생존과 이익을 최대한 챙기기 위한 '일탈적 적응'을 하게 된다. 특히 공천과 당선 등 개인의 이익에 매몰되어 양심에 따라 공익을 위해 일해야 하는 '공적 의무'를 방기하기 쉽다. 국회와 정치인 스스로 아노미 상황의 현상과 원인을 제대로 깨닫고 혁신해야, 영화 〈기생충〉 속 설정과 인물들이 상징하는 우리 사회와 국민의 아픔, 고통, 어려움을 치유할 수 있다. 그래야 그들에게 일상의 행복을 찾아줄 수 있다. 21대 국회에서 해내지 못하면 그 다음, 그 다음에라도 꼭 이뤄내야 할 한국 정치의 과제다.

결국 '제왕적 대통령'과 권력 집중이 문제다

범죄학에서는 아노미적 '일탈적 적응'의 문제 해결 방법으로서 가치 분산과 목표 다변화를 제시한다. 승자 독식, 부의 집중, 과잉 경쟁 문제를 해소해 누구나 자신만의 달성 가능한 목표를 설정할 수 있는 사회, 실패한 후에도 재도전의 기회가 보장되는 사회로의 구조 개편이 이루어지면 범죄와 무질서가 감소된다는 것이다.

우리 정치는 '제왕적 대통령'을 중심으로 한 권력 집중이 문제다. 선거에서 승리해 여당 집권 세력이 되면 그 제왕적 대통령의 막강한 권한을 이용해 충성심이 높은 자기편 사람들에게 온갖 종류의 임명직, 선출직 공직을 남발한다. 공공기관 일자리뿐 아니라 심한 경우 권력의 눈치를 보는 민간 일자리와 계약까지 나눠줄 수도 있다. 그 정도가 지나쳤을 땐 언론에 보도되고 고소나 고발을 당해 수사와 사법 처리의 대상이 되기도 한다. 하지만 일반 국민에게 알려지는 사례는 '선을 넘은' 극히 일부의 모습, 빙산의 일각이다. 반면 선거에 패배해 권력을 잃은 정치인과 그 세력은 모든 것을 잃어 비참한 상황이 된다. 그렇다 보니 각 정당이나 정치 세력의 최고 권력자에게 비합리와 불공정, 불법까지 마다않는 절대적 충성을 바치는 이들이 생겨난다. 권력의 양지를 찾아 영혼을 파는 기러기 같은 행태, 일탈적 적응이 난무하는 것은 물론이다. 정치인들 대부분이 잘 알고 동의하는 이 문제를 해결하기 위해 20대 국회는 개헌특위와 정치 개혁특위를 마련했다. 그러나 당시 현역 정치인들과 정당들 스스로의 이해관계, 득실 계산에만 몰두한 나머지 파행을 거듭했고, 결국 아무 소득도 없이 해산되었다.

두 명의 전임 대통령이 중형을 선고받고 수감 중인 보수 야당, 과거 야당 시절 자신들이 사용하던 논리와 표현으로 지금 역공격당하고 있는 진보 여당, 양당 정쟁 와중에 존재감도 없이 시들어가는 소수 정당들이 현재가 아닌 미래의 한국 정치를 위해 허심탄회하고 진지하게 헌법 개정, 정치 개혁 논의를 시작해야 한다. 자신들만의 다툼이나 힘겨룸, 혹은 밀실타협이 이루어지지 않도록 관련 학계 등의 자문위원회와 함께 심사숙고하면서 투명한 논의 과정을 거쳐야 한다. 대한민국에 걸맞은, 세계적인 민주주의 표준에 부합하는 정치 개혁을 이뤄야 한다. 그래야 영화 속 〈기생충〉과 같은 비극적 결말을 피할 수 있을 것이다.

비리 정치인이라는

'썩은 사과'

2017년 5월, 박근혜 대통령 탄핵 이후의 대선, 그 후 여야가 뒤바뀐 후 한 보수 야당 국회의원으로부터 연락이 왔다. '우리 지역에 좋은 분이 있는데 그분이 여당 의원을 소개해달라고 했다'는 것이다. 어떤 분이 왜 소개를 해달라는 것인지 물었다. '아주 좋은 분이고, 다른 이유 없이 좋은 여당 의원을 만나보고 싶다고 하니 한 번 만나만 달라'는 답이 돌아왔다. 바쁜 일정 등을 이유로 여러 차례 만남을 미룬 뒤에도 요청이 이어져, 결국 의원회관 2층 로비에서 보좌진과의 만남을 동의했다. 그런데 약속 장소에 나갔던 보좌진이 사색이 되어 돌아왔다. 자기소개를 마친 후 용건을 물으니 의원

님을 직접 만나고 싶다고 했고, 그럴 수 없다고 하자 현금이
든 봉투를 내밀더라는 것이다. 그래서 바로 정색을 하고 거
부한 뒤 돌아왔다고 했다. 얼마 후 후원금 계좌 관리 담당 직
원이 고액 후원금 입금 보고를 했다. 그때 만났던 바로 그 사
람이었다. 후원금을 되돌려 보낸 후 보좌진을 통해 후원금을
받지 않겠다고 밝히고 다시 한 번 이런 행위를 하면 '뇌물 공
여' 혐의로 신고할 것이라고 강한 경고를 보냈다. 이후 연락
이 없었다. 과연 제대로 반성하고 '정치 로비' 시도를 포기했
을까, 아니면 다른 의원으로 그 대상을 변경했을까? 혹시 야
당에서 나를 '비리 정치인'으로 만들려고 꾸민 공작은 아니
었을까? 의심이 들어 그를 소개해준 야당 의원과 주변의 동
향을 살폈지만 특이한 정황은 발견할 수 없었다.

　여당 의원을 만나려 했던 그 사람은 지역의 한 민간단
체장이었다. 그는 자신과 자신이 대표하는 단체의 이익을 위
해 국회와 정부, 지방자치단체 등을 대상으로 민원 청탁 등
의 로비가 필요했던 것이다. 이런 식의 접근과 만남, 관계가
국회와 정치권에 너무나 만연해 있을 것임을 확인한 경험이
었다. 그 후 3년이 흘러 21대 국회가 출범했지만 여전히 의

원들의 '비리 의혹'이 보도되고 있다. 한번은 어린이집 총연합회에서 불법 의혹이 짙은 거액의 후원금을 받은 의원들을 경찰이 기소의견으로 검찰에 송치한 사건이 있었다. 그러나 검찰은 의원들을 형사 입건하지 말라며 반려했고, 잠시 논란이 일었다가 흐지부지되고 말았다. 여야 의원들이 지역구 지방선거 출마 후보자들에게 거액의 후원금을 받은 사건도 기사와 비난 댓글만으로 유야무야 넘어가고 있다. 국법 개정, 정책 입안, 국정감사에서 증인 배제, 맞춤형 질의 등 고위 공직자의 권력을 이용해 편의나 이익을 제공받으려는 사람들로부터 거액의 금품을 받은 국회의원들, 본인 혹은 지인들의 자녀가 특혜 채용되어 이익을 얻은 혐의를 받는 전·직 국회의원들과 관련된 여러 건의 재판도 현재 진행 중이다.

돈을 주고 청탁하는 자와 받는 자의 만남, 구체적인 차이와 다양성은 있지만 구조와 원리는 같다. 여기에 두 가지 질문을 던진다. 첫째, 과연 지금 드러나고 밝혀진 것이 전부일까? 둘째, 부패한 정치인들 개개인이 문제인가, 아니면 구조와 제도, 문화와 관행이 더 큰 문제인가?

썩은 사과만 골라내면 괜찮을까?

범죄학과 행정학 등 부정부패를 연구하는 학문에서는 부패 공무원을 사과상자 속에서 발견된 '썩은 사과'에 비유해왔다. 한쪽에선 '대다수는 깨끗한데 일부 부패한 개인들이 있으니 이들을 발견해 색출하고 처벌하면 된다'는 주장을 한다. 깨끗한 사과를 담은 상자 속에 실수로 썩은 사과 몇 개가 들어갔으니 눈에 보이는 썩은 사과만 골라내서 깨끗한 사과로 바꾸면 된다는 '과일 유통, 판매 회사'의 시각이다. 반면에 밝혀지고 드러난 부패 행위자들은 단지 '빙산의 일각'에 불과하기 때문에 이들이 부패 행위를 할 수 있게 만들거나 돕거나 방치한 구조와 환경을 개선해야 문제가 해결된다는 시각도 있다. 눈에 보이는 위쪽 사과가 썩을 정도면 아래 깔린 사과들은 생산과 포장, 유통 과정에서 더 많이 썩었을 것이다. 그러니 전면적인 조사와 문제 해결을 위한 노력을 해야 한다는 소비자 단체의 시각과 유사하다. 정답은 당연히 '둘 다 문제'이다. 대책 역시 개별 부패 행위자를 찾아내 엄하게 처벌하는 한편, 발견된 사례가 예외적인 특별한 사례가 아니라 음습한 만남과 은밀한 거래가 만연한 구조와 제도 문화, 관행의 문제일 수 있다는 전제하에, 전면적인 조사를 거쳐 개선책을 강구해나가야 한다. 또한 몇몇 심각한 부패 정치인 사례를 일반화해서 '모든 정치인이 썩었다'는 정치 혐오로 일반화해서는 안 된다.

　하지만 국회의원과 정치인의 부패 비리는 지속적으로 발생하고 있다. 법안이나 질의 혹은 전화나 만남 등을 통해 권력형 요구를 하고, 자신이나 지인의 이익을 도모한 '이익 충돌' 의혹 역시 무수히 제기됐다. 정치자금이나 후원금 회계 문제, 외유성 출장 등으로 인한 세금 낭비 사례 역시 고장 난 레코드처럼 반복된다. '정치는 그런 것'이라는 합리화까지 퍼져 있다. 이미 20대 국회는 속칭 '강원랜드 사건' 연루 의원들을 대상으로 본회의에 제출된 체포동의안에 대해 여야 정당을 막론하고 '반대' 표를 던져 부결시켜버렸다. '국회의원에게 한 청탁은 민원으로 볼 수 있으며, 대가로 받은 것은 선물로 볼 수 있다'는 집단의식을 이렇게 드러낸 것이다.

썩은 사과가 담긴 '사과상자'의 내막

정치인들이 자신들의 부패와 비리, 그리고 이익 충돌 문제에 둔감하고, 시대에 뒤떨어진 인식을 가지고 있는 데엔 분명한 이유가 있다. 이들은 행정부 공무원들이나 기업인, 시민단체 등 '다른 사람들'에게는 거의 완벽을 요구한다. 또한 철저하고 엄격한 기준과 잣대를 들이댄다. 이런 것만 보면 부패와 비리, 이익 충돌 전반에 대해 무지하거나 무감각한 것은 결코 아닌 것 같다. 일부 국회의원과 정치인들 사이에는 법안 제출이나 회의석상에서의 발언, 피감기관이나 행정부처, 공공기관, 기업 등에 대한 요청, 요구에 있어 무제한적인 권한이 있다는 인식이 자리하고 있다. 특정인, 업체, 집단 등의 이익을 위해 법안을 제출하고, 관련 장관을 질책하고, 고위급 담당자를 의원실로 불러 혼내거나 전화를 걸어 호통을 치는 것도 정당한 '정치', '의정활동'이라고 생각한다. 이와 관련해 후원금이나 향응을 제공받는 행위, 지인의 채용, 인사 등 특혜를 주는 행위도 유죄 판결을 받을 정도의 지나친 경우만 아니라면 '통상의 업무', '선의의 표시'라고 생각한다. 심지어 그 결과로 이익을 얻은 집단이나 단체가 자신과 소속 정당을 지지하고, 선거에 도움이 되었다면서 '매우 훌륭한 정치 활동'이라고 널리 자랑을 하기도 한다.

일부 지역구 의원들은 지역 유지나 영향력이 큰 사람이나 업체, 단체의 청탁을 '정당한 민원'으로 중시한다. 그리고 그들의 이익을 국회에서 대변하거나 관련 부처 등을 압박해 업무나 정책, 규정에 무리한 변경을 하는 것도 '정치 역량'이라고 과시한다. 신고, 제보, 고발 등으로 '걸리면 비리'가 되지만, 그렇지 않다면 '정당한 권한과 업무'로 인식하는 위험한 사고 구조의 정치인들도 존재한다. 청탁성 민원을 제기하는 측에서는 늘 '억울하고 부당한 피해'를 강조하고, '자신만을 위한 일이 아닌 사회 공익의 문제'라고 강변한다. 그렇게 의원과 정치인들의 심리적 부담을 덜어준다. 실제로 국회의원과 정치인들이 주목하고 해결해야 할 '사회 공익' 사안과 너무나 유사해, 그 구분을 모호하게 만드는 합리화 논리들이 제공된다. 하지만 그 구분은 권투 선수가 링에서 글러브를 끼고 휘두르는 펀치와 조직폭력배가 선량한 시민에게 휘두르는 폭력의 차이처럼 명확하다.

썩은 사과가 계속 발견되는 이유

통계청이 발표한 '2019 한국의 사회지표'는 여전히 국회가 국가기관 중 '가장 신뢰받지 못하는 기관'임을 확인해주었다. 신뢰도에 있어 군대(48%)의 절반에도 미치지 못하는 압도적인 신뢰도 꼴찌(19%)를 기록한 것이다. 제대로 일은 안 하고 싸움만 하는 국회, 정쟁과 당리당략에 매몰된 정치 등 수십 년째 반복되고 있는 문제가 이토록 고집스럽게 개선되지 않는 집단이 또 있을까? 그 이유는 무엇일까?

선거 전에는 한 목소리로 국회의원 국민소환제, 상임위 회의 상설화 및 회의 참석 의무화 등 소위 '일하는 국회법'을 주장하다가 선거가 끝나면 언제 그랬냐는 듯 정쟁과 권력투쟁에만 몰두하는 국회에는 아마 다양한 이유들이 있을 것이다. 하지만 그 바닥과 중심에는 '권력이 주는 단 맛'을 결코 잃고 싶지 않은 반면, '권력을 잃은 비루함'을 견디기 싫은 1차원적 욕구가 짙게 깔려 있다. 권력이 나쁘기만 한 건 아닐 것이다. 사회를 개혁하고 정의를 구현하고 강자로부터 약자의 권리를 지켜내는 힘 역시 권력에서 나온다. 정치인, 정치집단 혹은 정당이 스스로 옳다고 믿는 이념과 가치, 그리고 정책을 실현하기 위한 '선한 권력의지'를 공정하게 발휘하라고 만든 것이 선거와 정당, 국회 등 정치와 관련된 법과 제도다. 그런데 그 '공정성'을 확보할 수 있는 장치와 수단, 방법에 기를 쓰고 저항하는 이유는 '불공정이 주는 이익', '기득권의 유리함'에 있음을 짐작할 수 있다.

선거에서 이기고 수없이 많은 공직 혹은 공직 유관 일자리에 자신의 동지나 측근, 지인, 자신이 신세 진 사람을 앉히는 모습을 모든 국민이 뜬 눈으로 지켜본 게 이미 수십 년째다. 국회의원을 만나서 밥 사고, 술 사고, 골프 접대하고, 고액 후원금을 내려는 사람이 줄을 서는 걸 보면 이를 미루어 짐작할 수 있다. 반대로 '낙선한 정치인은 사람과 동물 사이에 있는 비참한 존재'라는 말이 정치권에 퍼져 있다. 야당이 되면 사납고 전투적이 되는 것도 이와 유사한 이유다. 이렇다 보니 스포츠처럼, 엄격한 규칙을 지키며 공정한 경쟁을 하면서 '질 수도 있는' 예측 불가능한 긴장된 상황을 허용하려고 하지 않는다. 그래서 국회의원들은 '정치란 그런 것'이라는 합리화의 논리를 내세우며, 이익 충돌 금지, 독립적인 윤리조사제도 구축, 윤리특위 상설화 등의 국회 윤리 강화 제도 마련에 소극적이다.

'정치적 음해' 주장은 버릴 때가 되었다

의혹을 무마하고, 혐의를 축소하고, 감추고 덮는 구태는 문제의 본질과 깊이를 파악하지 못하게 가로막는다. 이 유혹을 이겨낼 방법, 비리 정치인을 도려낼 방법은 솔직한 인정과 문제해결에 뒤따를 충격과 손실, 비용과 변화의 무게를 감당할 용기다.

국회의 청렴성을 향상시키기 위한 첫 단계는 '제 식구 감싸기' 척결이다. 흔히 '내로남불'로 불리는 한국 정치의 고질병을 애용하는 이들이 비리 정치인들이다. 자기편을 향해 '정치적 음해 피해'를 호소하며 '다음엔 당신이 나처럼 될 수도 있어'라고 피력하면 집단적 '의리'가 발동된다. 물론 과거에 실제 정치권력, 사법권력, 검찰권력에 의한 비리 조작 사건이 있었던 것도 사실이다. 지금도 발생할 수 있다. 하지만 이미 정보화 사회를 거쳐 1인 미디어 사회가 된 21세기 대한민국에서 모든 사건 관계인, 수사 관여자, 언론 종사자들을 오랫동안 속이거나 통제하면서 있지도 않은 비리를 조작해내는 일은 불가능하다. 과장하고 부풀리거나 혹은 반대로 축소하고 왜곡하려는 시도들은 언제나 발생할 수 있다. 이 시도들을 철저히 경계하고, 대한민국 역사가 구축한 진실 규명과 사법 시스템에 의한 적법 절차를 신뢰하고 지켜보며 기다릴 줄 알아야 한다. 정치와 수사, 사법 절차는 철저히 분리되어야 하며 그 상호 독립성을 존중해야 한다.

그 다음 단계는 정치 비리 사건의 원인에 대한 철저한 규명이다. 정당이나 정파 간 서로 상대방의 비리 혐의를 정치적으로 이용하려고 시도하는 순간, 철저한 원인 규명은 엄두도 낼 수 없게 된다. 세 번째 단계는 비리의 원인으로 작용한 법과 제도의 미비를 개선하고, 우리 사회의 만연화된 문화와 관행을 고치는 것이다. 마지막으로 개선과 개혁의 결과를 점검하고 분석해서 미비한 부분을 보완하거나 추가 개선, 개혁을 실시하는 '정치 개혁의 제도화'를 이루어야 한다.

세계 최고 수준의 K-방역, K-POP, 문화 한류, 경제와 기술 수준을 일궈낸 대한민국 국민은 이제 그 국민 수준에 맞는 깨끗한 정치, 100% 신뢰가 가능한 국회를 가질 때가 되었다.

정치와 종교,

그 잘못된 만남

2020년 8월 15일은 대한민국 역사에서 가장 기이하고 불행한 광복절 중 하나로 기록될 가능성이 높다. 전광훈이라는 이해하기 힘든 인물로 대표되는 일부 기독교 세력과 김문수, 민경욱, 김진태, 차명진, 홍문표 등 전·현직 미래통합당(혹은 그 전신인 새누리당) 국회의원은 물론 언론에 자주 오르내렸던 극우 성향 보수 단체와 유튜버 및 논객들이 이날 총출동했다. 전국에서 전세버스와 대중교통 등을 이용해 몰려든 보수 성향의 시민들이 서울 광화문 광장을 가득 메웠고 코로나19 바이러스는 대중에게 무차별적으로 전파되었다. 그 파장과 후유증은 엄청났다. 대구 신천지, 서울 이태원 집단 감염 위기를 겨우 이겨내고 조심스럽게 일상을 찾아나가던 대한민국이 제 기능의 상당 부분을 멈추고 얼어붙어버렸다. 사회적 거리두기가 2단계로 격상되자, 노래방·PC방 등 소위 '고위험군' 업종들의 영업이 금지되었다. 결혼식을 포함한 모든 50인 이상 실내 모임도 금지되었다. 각 급 학교의 2학기 등교 일정 등 모든 학사 일정과 교육 프로그램도 차질이 불가피해졌다. 일부 언론에서는 '미꾸라지 한 마리(전광훈)가 대한민국을 흙탕물로 만들었다'는 비판적 표현을 보도하기도 했다.

전광훈을 키운 황교안과 미래통합당

사실 전광훈이라는 사람은 나라를 뒤흔들 정도로 영향력을 발휘할 능력이나 업적, 지위 등 어떤 것도 제대로 갖추고 있지 않았다. 오히려 학력위조 논란, 공개적인 성희롱·성차별 발언 등으로 대중적인 조롱과 희화화 대상에 불과했다. 그러다가 2007년 대통령 선거 당시 "이명박 장로를 찍지 않으면 생명책에서 지우겠다"는 발언을 하면서 본격적으로 정치 일선에 뛰어들었다. 그 후 정치와 종교 사이를 연결하는 역할을 자임하고 나선 것으로 보인다. 이후 선거법 위반으로 구속되어 유죄 판결을 받았고, 한기총(한국기독교총연합) 회장 자리를 둘러싼 다툼으로 민·형사상 소송을 벌였다.

대한민국에는 정치와 권력의 힘을 등에 업고 교세를 확장하려는 대형 교회 중심 기독교 세력의 목적과 이익, 다른 한편으로는 종교의 힘과 영향력을 빌어 정당의 지지율을 높이고 선거에서 승리하려는 정치 세력이 존재해왔다. 전광훈은 그 사이를 중재하고 연결하면 커다란 이익과 영향력이 생긴다는 판단을 했다. 대한민국 보수 정치 세력은 1948년 정부 수립 이후 장기간 집권하면서 독재와 군사 쿠데타, 시민 학살, 인권 침해, 부정부패, 정경유착, 간첩조작 등의 문제가 불거질 때마다 '북한의 위협', '빨갱이', '종북좌파 세력의 준동' 등을 내세웠다. 이런 색깔론과 이념몰이 등 '매카시즘'을 전가의 보도처럼 휘두르며 위기를 탈출해온 것이다.

대형 교회 중심의 보수 기독교 세력 역시 '신앙을 빙자해 돈을 번다', '교회를 사유화하고 세습한다'는 비판과 교회

내 성폭력 의혹 등이 불거질 때마다 '종북 좌파의 음모', '반기독교 세력의 공격' 등을 내세우며 위기를 탈출해왔다. 두 세력 사이에 '공통의 이익'과 '공동의 적'이 있고 그들은 서로를 필요로 했다. 보수 기독교 세력은 최근에는 성소수자(동성애), 무슬림 국가 출신 외국인 및 차별금지법이라는 세 가지 공격 목표를 추가하며 교인들을 선동하고 있다. 종교인 과세 폐지라는 현실적 이익은 그 밑자락에 깔았다. 그 목표를 받아들이며 '교회의 도구'가 되겠다고 손을 내민 사람이 황교안 당시 자유한국당 대표였다. 황 대표는 2019년 3월 20일 한기총을 찾아가 전광훈에게 인사하고 자리에 앉아 전 씨가 "총선에서 자유한국당이 200석을 하면 이 나라를 바로 세우고, 제2의 건국을 할 수 있는 기반이 마련된다"는 정치 개입 발언을 하는데도, 전혀 제지하지 않고 흡족한 표정으로 듣고만 있었다. 이후에는 광화문에서 열린 반정부 집회 단상에 전광훈과 함께 올라가 손을 잡고 서로를 지지, 응원했으며, 이 모습이 수차례 언론과 방송에 공개되었다.

보수 기독교계 대표자로서의 공식적 지위와 그에 따른 정치적 영향력을 갈구하던 전광훈에게 날개가 생긴 것이다.

전광훈은 2019년 청와대 앞 집회에서 "지금 대한민국은요, 문재인은 벌써 하나님이 폐기처분 했어요. 대한민국은 누구 중심으로 돌아가는 것이냐. 전광훈 목사 중심으로 돌아가게 돼 있어. 기분 나빠도 할 수 없다. 나는 하나님 보좌를 딱 잡고 살아. 하나님, 꼼짝 마. 하나님, 하나님 까불면 나한테 죽어. 내가 이렇게 하나님하고 친하단 말이야. 친해"라는 신성모독 발언까지 거침없이 내뱉는 지경에 이르렀다. 급기야 전 세계를 휩쓸고 있는 코로나19 감염 위협 및 이를 막기 위한 방역당국의 노력마저 비웃었다. "야외 집회 현장에서는 코로나19에 감염되지 않는다. 코로나19에 걸려도 애국이다. 걸렸던 병도 낫는다"는 등의 망언을 계속하며 신도들을 현혹하고 가짜뉴스를 전파했다. '문재인 타도', '민주당 공격'이라는 공통의 목적에 경도된 미래통합당은 전광훈 및 극우 기독교 세력과 거리를 두려는 노력을 전혀 하지 않았다. 코로나19 확산 방지를 위한 정부의 방역 노력도 폄하하고 비판하며, 결과적으로 전광훈의 엉터리 주장에 힘을 보태는 역할까지 했다. 이렇게 '2020.8.15. 코로나19 집단감염 및 전파 사태'가 발생하게 된 것이다.

라스푸틴, 최태민, 최순실, 그리고 전광훈

부패한 러시아 로마노프 왕조의 몰락을 급속히 앞당긴 인물로 꼽히는 '요승 라스푸틴', 가난한 농민의 아들로 태어나 학교에서도 태도 불량 등으로 쫓겨나게 된다. 제대로 배우지 못한 그는 이리저리 방황하며 음주, 폭력, 절도, 성범죄 등 각종 문란한 생활을 일삼고 다녔다. 그래서 주변 사람들은 그를 '방탕한 사람'이라는 뜻의 '라스푸틴'으로 불렀다. 그러다가 신의 계시를 받았다면서 아픈 사람들에게 은밀한 치료를 하기 시작했고, 효험이 좋다는 소문이 나면서 러시아 황실에서도 그를 찾게 된다. 혈우병 증상으로 괴로워하던 황태자가 라스푸틴을 만난 이후 통증이 완화되자 그는 알렉산드라 황후의 절대적인 신임을 얻게 된다. 그는 황후를 등에 업고 그 영향력을 이용해 세금을 올려 사리사욕을 채운다. 이에 항의하는 시민들에게 그는 총격을 가하는 등 국정농단까지 일어나게 된다. 그 결과 민심이 이반되고 사회불안이 가중되어 제국은 급격히 몰락하게 되었다.

　1960~70년대 박정희 정권의 정경유착과 극우 기독교

세력의 교단 문란화의 배경에는 최태민 목사가 있었다. 일제
강점기 순사였던 그는, 해방 후 불교청년회 회장 및 승려가
되었다가 스스로 불교·기독교·천도교를 종합하여 영세교
라는 종교를 창시하고 사이비 교주가 된다. 그러다가 어느새
기독교 목사를 자처하고 라스푸틴과 유사한 '신비한 치유 능
력'을 내세운다. 그리고 당시 모친을 잃은 슬픔에 빠져 있던
박정희 대통령의 가족, 특히 둘째 딸 박근혜에게 접근해 신
임을 얻는다. 그는 그 영향력을 내세워 대한구국선교회를 설
립해 기독교계를 친 정권 성향으로 개조하는 작업에 착수하
고 구국봉사단, 새마음봉사단 등을 세워 스스로 총재 지위에
올라 각종 인사와 이권에 개입하며 막대한 부정축재를 하게
된다. 30여 년 뒤 최태민의 딸 최순실(최서원으로 개명)은 다
시 박근혜 대통령의 측근 역할을 자처한다. 그렇게 국정농
단을 일삼다가 보수 정권의 몰락을 급속화시켰다. 라스푸틴
과 최태민, 최순실은 집권세력에 접근해서 환심을 산 후 '비
선실세' 역할을 하며 국정을 농단하고 사회불안을 야기해서
정권을 몰락시키는 역할을 했다. 한편 전광훈은 야당 권력과
야합해서 이익을 추구하다가 사회불안과 무질서를 일으키

고 있다고 볼 수 있다. 하지만 현재의 야당 권력이 오랜 기간 부와 권력을 독점해온 전통적인 대한민국 보수 세력을 대표하고 있으니, 역사적 맥락에서 보자면 궤를 같이 한다고 볼 수 있을 것이다.

진보 정치 세력에도 손 뻗는 보수 기독교

과거에 천주교 정의구현사제단, 기독교교회협의회, 실천불교전국승가회 등 진보적인 종교단체는 진보 정치인 및 정당들과 가깝고, 대형 교회 등 보수 기독교 단체 및 목회자와 보수 천주교 성직자, 신도단체, 보수 불교 성직자와 단체들은 보수 정치인 및 정당들과 가까운 양분 구도가 명확했다. 하지만 박근혜 정권의 탄핵과 보수 정치의 몰락 이후 이러한 구분이 변하고 불명확해졌다. 전광훈과 한국기독교총연합 등 극우적 기독교 단체와 성직자들은, 한편으로는 황교안 전 자유한국당 대표 등 친박 성향의 보수 정치인들과 연대 및 협력했다. 그리고 다른 한편으로는 독자적인 기독교 정당을 창당해 정치적 언행과 집회 등의 활동을 펼쳐 나갔다. 반면에 다수의 대형 교회 목사 등 보수적인 기독교 목회자들은 여야 및 보수 진보를 막론하고 정당과 정치인들과 교분을 넓히며 종교인 과세 반대 혹은 축소, 차별금지법 입법 저지 등의 정치 활동을 전개해왔다. 국회에서 대형 교회 목사들이 주최하는 기도회 등에 유력 여야 국회의원들이 대거 참석하고, 유명 대형 교회의 주요 행사와 예배에 해당 지역구도 아닌 여야 유력 의원들이 대거 참석하는 풍경은 이미 일상적인 모습이 되었다.

　노무현 전 대통령이 제정을 추진하는 등 민주당의 대표 정책 중 하나였던 차별금지법에 대해 민주당 소속 의원들이 공개적인 반대 의사를 표명하거나, 보수적인 인사들을 초청해서 반대 토론회를 개최하는 현상의 배경에도 이러한 보수 기독교계의 '민주당 공략'이 있었음을 어렵지 않게 추정할 수 있다. 일부 민주당 의원들의 경우 종교인 과세 입법에 적극적 혹은 소극적으로 반대해왔고, 그 결과 원안에서 상당히 후퇴한 입법이 이루어지기도 했다.

보수 기독교만이 아닌 모든 종교의 문제다

국립공원 입장료, 사찰 문화재 지정 등 국회 대상 민원이 많은 것은 불교도 마찬가지다. 기독교의 정치력에 밀려 인근 사찰 이름을 딴 지하철역 명칭이 변경될 위기에 처하는 등 불이익을 피하기 위해 정치권력과의 연대와 협력이 필요하기 때문이다. 천주교, 원불교 등 여타 종교도 정도의 차이가 있을 뿐 본질적으로 유사한 상황에서 유사한 행태를 보였다. 국회에 왜 그리 종교인들이 자주, 많이 드나들고 종교행사가 왜 그리 많은지 답을 찾다 보면 도달하게 되는 지점이다. 작고한 유력 정치인의 추모식에는 고인의 종교와 상관없이 서너 개 종교의식이 번갈아 진행되는 참으로 기이한 모습도 종종 목격된다. 각종 선거 때마다 각 정당과 후보자들은 거의 모든 주요 종교 시설을 찾아가 종교 의식에 참가하고 예를 올린다. 유일신을 섬기며 타 종교 활동 참여를 금지하는 배타적인 기독교 신자 정치인들도 불교 등 다른 종교의 전당을 찾는다. 그리고 다른 종교의 의식에 참여하는, 웃지 못할 풍경도 연출된다. 이미 언론과 방송에 보도가 되었지만, 주류 기독교계에서 이단으로 낙인찍고 금기시하는 '신천지교회' 행사에 국회의원들이 축사나 축전 등을 보내는 일도 발생했다. 신도 수가 많고 영향력이 크다면 이단이나 사이비도 가리지 않는 행태까지 드러낸 것이다.

4년간의 국회의원 활동으로 발견한 사실 하나는, 대한민국 정치에서 종교는 결코 신앙과 믿음의 영역이 아니라 표와 지지를 얻는 '행사장'이자 '표밭'에 불과하다는 것이었다. 결국 이러한 '종교적 모럴해저드'가 박근혜와 최태민, 최순실, 그리고 황교안과 전광훈 같은 '정치와 종교 간의 잘못된 만남'의 환경적 요인이 되었다고 볼 수 있다.

정치와 종교 모두에게 나쁜 '잘못된 만남'

정교분리는 현대 민주국가의 필수 요건 중 하나다. 먼 옛날 원시 사회의 제정일치나 중세 시대의 신성국가 등 정치와 종교가 섞이고 합쳐질 때, 예외 없이 양쪽 모두 타락했다. 그리고 멸망에 이르렀다. 정치인 개인이 어떤 종교와 신앙을 가지든 그 자유는 보장되어야 한다. 하지만 공적 영역인 정치가 특정 종교단체나 종교인(들)의 영향을 받고, 그들의 이익을 위해 이용된다면 그 자체로 이미 이익충돌이며 부정부패다. 반대로 오직 신과 교리에 따라 세속의 이해나 권세에 휘둘리지 않고 영원의 진리와 평화를 추구해야 하는 종교가 현실 정치에 영향을 미치고, 개입하고, 편을 든다면 그 자체로 구도와 구원, 신앙의 순수성을 훼손한 것이며 타락이다.

유럽 등 대부분의 현대 민주국가들은 오랜 기간 힘들고 어려운 정교분리 과정을 거쳐 세속 현실 정치에 종교가 개입하지 않는 전통을 확립했다. 예외가 있다면 입헌군주제를 운영 중인 영국과 일본, 그리고 중동 이슬람 왕조 국가들이다. (여)왕이 수장인 개신교 계열 성공회(Anglican Church, Church of England)를 공식 국교로 삼고 있는 영국은 왕실 중심의 국가의전을 모두 성공회가 주관한다. 아울러 상원 의석 중 26개는 주교들이 차지해 중요 입법과 국정이 국교 성공회의 교리와 원칙에서 벗어나지 않도록 의견을 개진한다. 하지만 이런 영국조차 선거와 정부, 선출된 의원들로 구성된 하원, 보수당과 노동당 등 주요 정당의 활동을 포함한 세속 정치에 종교적 영향을 철저하게 배제하고 있다. 정치에 기독교 정신을 반영하자는 두 개의 소수 정당 '기독교당(Christan Party)'과 '기독교인 연합(Christian Peoples Alliance)'은 각각 1% 내외의 지지율에 머물고 있는 상황이다.

오히려 어떤 종교도 국교로 삼지 않는 민주공화국 대한민국의 주요 정당과 정치인들이 더 공개적으로 종교단체를 찾고 종교 지도자들과 수시로 만나고 연락한다. 또한 종교계의 요구사항을 적극적으로 받아들이고 그들의 정치활동에 반영한다. 주요 종교 교단과 그 지도자들 역시 경쟁적으로 정치적 발언을 하고 정치인과 교류한다. 이것이 한국의 주요 종교가 신과 믿음이 아닌 돈과 힘의 논리에 의해 지배당하고 있음을 보여주는 증거다. 각 주요 교단의 종교 지도자들은 교회 시설과 토지 등의 부동산 확장, 각종 교육 연수, 복지 시설 운용, 도로 개설, 교인들의 민원 등 행정과 법 관련 문제들을 쉽게 해결하기 위해 정치인들과 좋은 관계를 맺어야 할 이유가 절실하다. 심지어 중앙 정부 부처는 물론, 각 지역 경찰서나 지방자치단체, 공공기관 인사에도 유력 종교 교단과 종교 지도자들의 영향력이 미친다는 이야기가 회자될 정도다. 이명박 정부 시절 '고소영(고려대 학벌, 소망교회 교적, 영남 출신 지연)' 인맥이 주요 공직을 차지했다는 지적이 있었다. 정도의 차이는 있을지 모르지만, 그 전과 후에도 유사한 사례를 얼마든지 찾을 수 있다는 것이 대한민국의 병폐라고 할 수 있다.

　라스푸틴과 최태민, 최순실 그리고 전광훈의 예에서 보듯 정치와 종교가 야합한 순간에는 누이 좋고 매부 좋은 상호 이익의 연대와 협력처럼 보인다. 하지만, 결국 모두 타락하게 되는 길뿐이다. 정치와 종교가 야합하면 정치는 명분과 공정성 그리고 가치 등의 대의를 잃게 되고, 종교는 믿음과 철학 그리고 구원을 저버리게 된다. 무엇보다 나라는 혼란스러워지고 국민은 고통받는다. 정치와 종교, 이제 이별할 때가 되었다.

'정치공작'의 장이 된 검찰,

검찰의 정치학과 속내

여권 유력인사인 유시민 노무현재단 이사장을 '신라젠 주가 조작 사건' 가담 혐의로 엮어 넣기 위해, 이동재 전 채널A 기자와 검찰총장의 최측근으로 꼽히는 한동훈 검사장이 공모했다는 의혹이 제기된 소위 '검언유착' 스캔들이 한 차례 나라를 뒤흔든 적이 있다. 이동재 기자가 이미 '신라젠 주가조작' 혐의 등으로 구속 수감 중인 이철 밸류인베스트먼트 대표에게, '유시민 이사장이 신라젠 사건에 연루되었다'는 진술을 하지 않으면 검찰이 가족과 지인 등을 대상으로 먼지 털이식 수사를 해서 못 견디게 할 것이라는 협박을 했다는 것이 의혹의 골자다. 특히, 그 시기가 지난 국회의원 총선거 직전이었기 때문에 유력 언론관계자와 고위 검찰간부가 선거에 영향을 미치려는 '정치공작'을 시도했다는 해석도 뒤따랐다. 반면에 이미 구속된 이동재 기자는 단독 특종 취재 욕심에 한동훈 검사장과의 친분을 과시하면서 허위로 조작된 한 검사장 목소리를 들려준 것이지, 한 검사장과의 공모는 없었다고 주장했다. 더 나아가, KBS와 MBC 뉴스가 '검언유착 의혹 검찰 수사팀' 혹은 법무부 등으로부터 한 검사장과 이 기자 사이의 대화 녹취록 등 수사기밀자료를 입수한 뒤, 이를 왜곡해 보도하면서 '검언유착'을 지어내거나 과장하고 있다는 또 다른 '검언유착' 의혹을 역으로 제기하기도 했다.

검언유착의 피해자로 지목된 유시민 노무현재단 이사장은 이후 검찰, 특히 한동훈 검사장이 2019년 12월 노무현재단 계좌를 들여다보는 금융사찰을 했다고 주장해 더 큰 파장을 불러일으켰다. 하지만 금융제한 조치 본인 통보 시한인 1년이 지난 2021년 1월 22일, 유시민 이사장이 자신이 제기한 의혹은 사실이 아니었다며 공개 사과를 하면서 공방과 논란이 재개되었다. 애초에 유시민 이사장이 확신을 가지게 된 이유와 경위가 무엇이냐에 대한 질문이 이어졌고, 친 정부, 친 조국, 친 추미애 전 장관 성향 검사의 언질이 출발점이라는 추정까지 제기되었다. 이러한 공방은 검찰 공격의 최전선에서 싸우던 최강욱 열린우리당 대표의 주장이 명예훼손죄 등으로 고발되면서 확전으로 이어졌다.

정리하자면, 검찰 내 윤석열 전 검찰총장 세력과 친 추미애 전 법무부장관 세력이 서로 다른 언론과 유착해서 상대방을 공격하기 위한 '정치공작'을 벌였다는 주장이 부딪치게 된 사건이다. 진실은 결국 드러날 것이다. 지금도 언론과 온라인 등에서 벌어지는 무수한 논쟁과 공격, 주장들이 만든 자욱한 포연 사이로 수사와 기소, 재판의 사법과정을 통해 천천히 진실의 조각들이 드러나고 있다. 다만 어떤 쪽이 진실이든(혹은 두 주장 모두 진실이거나, 두 주장 모두 진실이 아니거나) 검찰이 국정과 정치를 좌우하고 나라를 뒤흔든다는 사실은 변함이 없을 것이다.

'검찰 정치'가 지배하는 대한민국

비단 신라젠 의혹뿐만이 아니다. 조국 전 법무부 장관 논란, 윤석열 전 검찰총장 아내와 장모 대상 수사 논란, 나경원 전 원내대표 자녀 논란, 한명숙 전 총리 사건 조작 의혹, 강원랜드 사건, 김성태 전 원내대표 자녀 채용비리 수사, 이명박·박근혜 전 대통령 국정농단 수사, 노무현 전 대통령 수사 논란…. 대한민국 정치와 사회는 검찰이 수사의 칼날을 누구에게 겨누느냐, 혹은 겨누지 않느냐에 따라 출렁이고 휘청거려왔다. 때로는 그 칼날의 강도와 날카로움이 어떤 차이를 보이느냐에 따라 정치와 사회가 진로와 방향을 바꾸기도 했다. 이명박 전 대통령의 '다스 의혹'처럼 같은 의혹과 혐의, 같은 정황과 증거에 대해 누가 정치권력을 차지하고 있는지에 따라 검찰의 수사 여부와 의지가 달라지는 진풍경도 종종 목격되었다. 여야 정치권도 '검찰이 좌우하는 정치'를 현실로 받아들이고 툭하면 상대방을 검찰에 고소, 고발하는 '검찰 정치'를 일상으로 여기게 된 지도 오래다. 민생은 외면하고 권력을 향한 정쟁에만 몰두한 '전쟁국회'였던 20대 국회에 대한 반성으로 '모든 정당이 일하는 국회'를 표방하며 시작된 21대 국회. 이번 국회 역시 검찰에 대한 영향력을 발휘하는 법제사법위원회 위원장을 누가 차지하느냐를 두고 지리한 샅바싸움만 하는 꼴불견을 만들었다.

그러나 검찰은 검찰대로 억울함을 토로하고 있다. 과거에 '살아 있는 권력엔 엎드리고, 죽은 권력엔 잔혹하다'는 비판을 받아왔기에 살아 있는 권력의 범죄 혐의 앞에서 주저하지 않고 열심히 수사했더니, '검찰 쿠데타'라고 비난한다는 불만이다. 하지만 이런 검찰의 볼멘소리에 대한 강한 반론도 제시되고 있다. '과연 현 정권이 검찰개혁을 강하게 추진하지 않았다면 여권 인사들에 대한 무리하고도 집요한 수사를 집중적으로 했을까'라는 반문이다. '과거와 달라진 검찰'이 아니라 '검찰과 유착해서 검찰권력을 이용하는 친 검찰 정치권력에는 충성하고, 검찰권력에 맞서 검찰을 개혁하려는 정치권력에는 온 힘을 다해 저항하는' 모습은 여전히 과거와 변함없다는 지적이 역시 제기되고 있다.

'치안은 필연적으로 정치적',
하지만 '정치화'는 비리 부패의 원인이다

물론 현 정부와 여권 역시 비판에서 자유롭지 않다. 진정 '역사적인 검찰개혁'을 하려고 했다면 약점을 잡히지 말았어야 했다. 예상치 못한 약점이 드러났다면 과감하게 읍참마속하면서 개혁의 걸림돌을 제거하고 명분을 굳건히 지키면서 상처와 눈물을 머금고 개혁을 완수해나갔어야 한다는 지적이다. 약점이 드러난 동료와 측근을 지키고 감싸면서 이들에 대한 의혹 제기와 검찰 수사를 '개혁에 대한 저항'이라고 단정하고 개혁을 진행해나가면, 다양한 반대 세력, 불만 세력, 저항 세력이 합세하게 된다. 그렇게 되면 개혁에 대한 동력은 확연히 줄어들 수밖에 없다. 이것은 동서고금을 막론하고 인간 사회에서 반복되어온 현상이다. 야당 보수 정치권 역시 이 책임에서 자유로울 수 없다. 정치적 이해에 따라 검찰 비난과 검찰 칭찬 사이를 왔다 갔다 하면서 국민이 바라는 검찰개혁 입법에는 반대와 방해를 하는 모습을 온 국민이 똑똑히 지켜보았으니 말이다.

영국에서 1985년 초판이 출간된 이래, 영국 대학과 대학원 형사사법 관련 학과에서 경찰학 교과서로 가장 많이 사용되고 있는 책이 《경찰의 정치학(*Politics of the Police*)》이다. 저자 로버트 라이너 교수는 '경찰과 치안 정책 및 업무는 태생적 그리고 필연적으로 정치적'이라고 설파한다. 노사 분쟁으로 발생한 불법 상황에 언제, 어떻게 개입할 것인가, 어떤 유형의 범죄에 수사력을 집중할 것인가, 어떤 법 위반에 대해 경제 상황과 서민 생계 등을 감안해 법 집행 대신 계도 위주의 정책을 펼칠 것인가…. 이 모두가 고도의 정치적 의사결정 과정을 수반하는 '정치'인 것이다. 다만 라이너 교수는 '경찰의 정치적 중립성' 역시 중요하다고 강조한다. 그리고 이를 위해 '경찰의 정치화'를 막고 피해야 한다고 설파한다.

특정 정당이나 정파, 정치인의 이익이나 유·불리를 위해 경찰을 이용하는 것이 '경찰의 정치화'다. 경찰의 정치화에는 필연적으로 경찰 부패가 뒤따른다. 정치권력을 위해서 경찰력을 바쳐 충성을 했으니 그 대가로 최고위 간부들은 임기 연장이나 더 높은 자리를 보장받고, 경찰 조직은 더 많은 권한과 재량을 누리겠다는 '보상심리'가 발현된다. 이로 인해 도덕적 해이가 발생하고 조직 관리는 느슨해진다. 거리의 일선 경찰관들 역시 자신들의 권한과 재량을 이용해 이익을 챙기는 부패가 만연해진다. 권력을 향한 해바라기 속성은 힘없는 국민을 깔보고, 그 위에 군림하려는 정서로 이어지게 된다. 그리고 이로 인해 폭력과 가혹행위 등의 인권 침해 사건 역시 빈발하게 된다.

'영국 경찰개혁'의 시사점

1970~80년대 영국에서 독점적 수사권과 기소권을 행사하던 '절대권력' 경찰의 비리와 고문, 가혹행위, 테러사건 범인 조작 의혹들이 연이어 터진 일련의 상황들이 '경찰의 정치화'의 대표적인 사례다. 영국 의회에서는 특별조사위원회를 꾸려 1년이 넘는 진상조사를 실시한 후, 법제도 개선과 경찰 조직 개혁 대책을 제시했다. 그 결과 경찰로부터 독립되어 기소 및 법정에서의 공소유지를 전담할 기구인 '국립기소청'이 설치되었고, '수사-기소 분리' 제도가 도입되었다. 아

울러 독립된 경찰감사기구도 탄생했다.

각 지방경찰청의 '정치화'를 막기 위해 지방경찰청장은 작전과 집행의 독립적 전권을 행사하고 인사와 정책 기능은 경찰위원회에서 담당한다. 중앙정부가 감독과 지원 기능을 책임지는 '3원 체제'는 이렇게 확립되었다. 청렴하고 강직한 것으로 유명해서 '깨끗한 경찰(Mr. Clean)'이라는 별칭으로 불리던 로버트 마크 런던수도경찰청장이 경찰조직 개혁을 일임했다. 로버트 마크 청장은 청렴하고 유능한 경찰관들을 뽑아 새로운 감찰조직인 A10을 신설해 대대적인 감찰작업에 착수했다. 그 결과 수사국장, 광역수사대장, 풍속영업단속대장 등 고위급 수사 간부들이 체포되고, 형사 처벌되었으며, 총 500명의 비리 연루 경찰관들이 사법 처리되거나 파면 내지 해임되었다. 오늘날 영국 국민 90% 이상이 신뢰하는 경찰이 되기까지 영국 경찰이 겪은 개혁의 과정은 혹독했다. 로버트 마크 경은 훗날 "개혁은 마치 암 환자의 뇌종양을 제거하는 수술과 같았다. 환자는 살리고, 종양은 제거하는, 힘들고 어려운 작업이다"라고 소회를 밝혔다.

국가적 숙원인 '공정한 수사, 기소, 재판'

지금 대한민국 검찰은 1970년대 영국 경찰과 유사한 상황에 처해 있다. 아니, 더 심하다. 수사권, 기소권, 공소유지권, 형집행권을 모두 독점한 '사법괴물'의 모습으로 역대 정권과 때로는 밀월관계, 때로는 갈등관계를 빚어왔다. 그러나 선거 결과에 따라 정권은 바뀌어도 '검찰권력은 영원한' 상황을 유지해왔다. 검사의 범죄 혐의는 수사조차 이루어지지 못했고, 검찰과 친분이 있는 유력인과 부자들 역시 치외법권의 특혜를 누린 의혹이 짙다. 이제 국회 패스트트랙 진통을 겪고 검찰의 수사권을 분산하는 검·경 수사권 조정, 형사소송법 개정안과 고위공직자범죄수사처 설치 법안이 통과되어 겨우 검찰개혁의 첫 발을 떼었다. 그런데 영국의 의회나 로버트 마크 경 역할을 해야 할 대한민국 정부와 국회, 여야 정당 및 법무부와 검찰 수뇌부는 각자의 문제로 '정치화' 논란과 시비에 휘말려 있다.

국가와 국민, 역사와 정의, 진정한 검찰개혁을 이루려면 그와 관련된 고위 공직자들 모두 자기 자신을 버려야 한다.

자신이나 조직의 힘을 이용해 정치적 혹은 사적 이해를 도모해서는 안 된다. 선공후사, 멸사봉공, 읍참마속, 그리고 '오비이락의 회피'가 바로 지금 절실히 필요하다. 피와 살이 깎기고 가슴에서 눈물이 흐르는 고통과 상처를 안고 '공정한 수사, 기소 그리고 재판'이라는 당연한 권리를 국민에게 되돌려주는 일만큼 중요하고 귀한 일을 찾기는 어려울 것이기 때문이다.

2021년의 시작과 동시에 경찰이 수사종결권을 갖는 새로운 형사소송법이 시행되자 경찰 수사의 문제를 드러내는 사건들과 이에 대한 비판 기사가 언론에 자주 보도되었다. 범죄예방과 경비 보안 등 국가적 경찰사무를 총괄하는 경찰청과 범죄 수사 업무를 전담하는 국가수사본부, 각 지역의 민생치안을 담당할 지방자치경찰의 3원 체제가 혼란과 업무 중첩, 비효율을 가져올 것이라는 비관적 전망을 내놓는 전문가들의 목소리도 들린다. 그러자 기다렸다는 듯이 국민의 힘 권성동 의원 등 일부 보수 정치인들은 경찰에 대한 검찰의 수사지휘권을 되살리는 입법을 천명하고 나섰다. 앞으로 경찰 국가수사본부의 수사 역량 및 전문성 강화, 정치적 중립성과 독립성의 확보, 인권 및 피해자 보호 향상 등이 국민이 만족하는 수준에 도달하지 못한다면 어떻게 될까. 이것은 정치권력이 변하면 다시 과거로 회귀할 수도 있음을 보여주는 신호다.

고위공직자범죄수사처 역시 마찬가지다. 야당은 대통령과 집권여당의 야당, 말 안 듣는 고위공직자들을 탄압하는 도구가 될 것이라고 주장한다. 이들은 조금이라도 정치적 중립성이 흔들리는 모습이 보이면 비판적 여론과 함께 공수처 무력화를 시도할 것이다. 그렇다고 공수처가 정부나 여당 관계자만 골라서 수사할 수도 없는 노릇이다. 양측에 대한 기계적 형평성을 유지하는 것도 바람직하지 않다. 이에 반해 여당 민주당에서는 검찰에 남아 있는 중요 범죄 수사권마저 박탈하고 해당 중요 범죄만 수사하는 수사청을 신설하는 법안을 추진 중이다.

사법부 개혁, 사법부의 독립 문제 역시 혼란 속으로 빠져들고 있다. 여당에서는 압도적인 수적 우위를 앞세워 지난 정권의 사법농단 사건에 연루된 임성근 전 부장판사에 대한 탄핵소추안을 가결시켰다. 여당에서는 임 전 부장판사가 공개한 녹취록에 의해 거짓말이 드러난 김명수 대법원장의 사퇴를 요구하면서 탄핵 가능성을 언급하고 있다. 진보 여권과 보수 야권이 서로 상대방에 대해 사법부 길들이기라며 공격하고 자신들의 주장대로 사법부 개혁을 해야 한다고 목소리를 높이고 있다. 이런 양상이 지속되는 가운데 보수 진영이 정권 교체에 성공하게 되면, 수사와 기소 재판과 관련된 형사사법제도에서 진보 정권의 흔적과 잔재를 지우는 방향으로 원상복구를 시도할 가능성이 매우 높다. 그때 야당이 될 진보 진영이 지금의 보수 야당처럼 모든 힘을 다해 복구 저지에 나설 것은 불을 보듯 뻔하다.

공정한 수사, 기소와 재판은 국가적·국민적 숙원이다. 그 당시의 권력이나 진보, 보수 한쪽의 뜻과 주장 쪽으로 기울어지게 개편되거나 변화되어선 안 된다. 진정한 정의와 법 앞의 평등, 법치주의에 부합하는 방향으로 가기 위해선 존 롤스의 '무지의 장막' 원칙이 필요하다. 즉, 개혁과 변화의 결과가 나 혹은 우리 편에 유리한지 불리한지를 따지지 말아야 한다. 제18대, 19대에 이어 20대 국회에서 연이어 사법개혁특별위원회를 구성한 취지도 여야 어느 한쪽에 유리한 것이 아닌 누구에게나 공정한 수사, 기소, 재판을 위한 제도 개혁을 하자는 뜻이었다. 하지만 이 세 번의 시도는 모두 미완성, 절반의 성공, 혹은 일방통행으로 막을 내리게 되었다. '무지의 장막' 논의와 그에 따른 과감한 개혁 실천 과정에 소극적인 태도를 보이거나 거부하거나 먼저 이탈한 것은 늘 보수 정당이었다. 오랜 세월 집권세력으로 군림하면서 형성된 사법통제권을 상실하고, 기득권을 포기하는 것과 같은 의미인 '무지의 장막' 개혁 논의와 이행은 그들에게 달갑지 않았을 것이다. 최근 20대 국회 사법개혁특위 논의에서 보수 야당인 자유한국당은 공수처 설치 반대, 검찰 무력화 시도 반대 등의 정치적 구호를 내걸고 논의에 거의 참여하지 않았다. 그러다 국회선진화법에 따른 신속처리 절차(소위 '패스트트랙')가 진행되자 물리력으로 국회 의안과 회의실 등을 점거하면서 육탄으로 저지하려고 했다.

집권당인 민주당과 정부도 비판에서 자유로울 수 없다. 사법개혁특위 논의와 입법 과정을 방해하는 보수 야당의 문제를 그대로 드러내면서 한 치의 절차적 흠결을 남기지 않는 철저함을 유지했어야 했는데 그러지 못했다. 공수처장 후보 추천에 야당 비토권 보장을 입법의 명분으로 내세웠다가 법이 통과되자 잉크가 마르기도 전에 비토권을 삭제하는 법 개정을 했다. 아울러 현 정부 고위 인사 등 집권세력 상대 수사에 전력을 기울이는 검찰을 상대하다가 검찰 제도 개혁의 타당성에 흠집을 내는 무리한 인사와 언행을 거듭했다. 추후 검찰개혁을 위시한 사법개혁이 공정한 '무지의 장막'에 입각해 이루어진 것이 아니라 특정 세력의 이해에 따라 자의적으로 이행된 것이라는 공격을 할 수 있게끔 빌미를 준 것이다.

경찰개혁은 이제 겨우 시작되었다

앞으로 경찰과 공수처, 그리고 검찰과 법원의 주요 정치적 사건이나 인물 대상 수사, 기소, 재판 결과에 따라 논란은 끊이지 않을 것이다. 논란에 이어 반개혁적 주장과 요구 역시 거셀 것이다. 다시 권력의 입맛에 따라 죄 없는 시민이 살인범이 되고, 간첩으로 조작되고, 죄 지은 자가 면죄부를 받는 사법 피해의 시대로 돌아가지 않으려면 사법개혁의 완성을 바라는 모든 사람이 오랜 기간 동안 최선의 노력을 다해야만 한다. 우선 경찰개혁은 이제 겨우 시작되었다는 사실을 잊어서는 안 된다. 무소불위의 검찰을 개혁한 결과가 무소불위의 경찰이 되어서는 안 된다. 독자적 수사권을 가진 영국 경찰은 독립된 '경찰감사청(약칭 IOPC)'의 철저한 감찰과 감사, 비리 혐의 경찰관에 대한 수사를 받으며 청렴성과 신뢰성을 유지하고 있다. 영국과 미국, 캐나다와 호주, 뉴질랜드 등 독자적 수사권을 가진 경찰 대부분은 유사한 독립 경찰 감사기구가 있다.

아울러, 독자적 수사권을 부여한 경찰에게 정보 기능까지 함께 부여하는 나라는 없다. 앞서 언급한 나라들의 우리와 구별되는 또 다른 특징은 지방자치 경찰과 중앙 국가 경찰이 확실히 분리돼 있고, 모든 경찰관이 순경 계급으로 출발한다는 것이다. 우리나라의 특성을 내세우며 독특한 제도를 고집한다면, 이후에 발생할 모든 경찰 비리와 부실 수사 등의 문제에 경찰 전체와 제도 설계자, 그리고 정부가 책임을 져야만 한다. 정치적 중립성 위반 시비가 있을 때마다 같은 문제가 발생할 것이다. 제도 개혁에 예외 없는 철저함을 기한다면, 이후 발생하는 문제는 제도가 아닌 사람의 문제, 개인적 일탈로 볼 수 있을 것이다. 이는 예외 없는 원칙적 제도 개혁을 해온 사회 구성원이 모두 공유하는 공통된 태도다. 공수처와 검찰, 법원도 역시 마찬가지다.

이제 막 시작한 사법개혁의 완성을 향한 지속적 개혁을 성공적으로 이뤄내려면, 무엇보다 개혁의 주체인 국회와 정부, 관련 학계와 언론, 시민들이 열린 자세로 공론을 지속하면서 힘들고 어려워도 계속 합의를 이뤄내야 한다. 무조건 개혁을 반대했던 보수 야당도, 개혁을 자신들의 전유물처럼 내세우며 일방적으로 밀어붙였던 집권 진보 여당도 태도를 바꿔야만 한다. 미래에 여야를 넘나들 정치권이 지금의 유·불리에 대한 집착을 과감하게 내던지고 '무지의 장막' 원칙에 따라 누구에게나 공정한 개혁을 해내야 한다. 그 과정에서 학계와 언론, 시민은 사법의 잠재적 대상이자 개혁의 또다른 주체로서 당파성과 편향성을 벗어야 한다. 또한 국회의 개혁입법논의를 감시하고 여론을 통해 이 개혁에 적극적으로 참여해야 한다. 내가 지지하는 정당이나 정치 세력을 편

들어주다가 나 혹은 내 가족이 부당한 수사, 기소, 재판의 희
생양이 되어도 좋다는 각오가 있는 게 아니라면, 사법개혁
완성을 향한 논의와 입법 과정에 보수, 진보, 여야, 정치 진
영이 서로 싸울 틈은 없다.

누가 '전쟁 국회'를 부추기는가

국가의 흥망성쇠와 제국의 부침 및 국경의 변화가 힘으로 결정되었던 20세기 중반까지의 인류 역사는 가히 '전쟁의 역사'라고 할 수 있다. 승자는 큰 피해에도 불구하고 막대한 이익과 영토 및 세력을 얻은 반면, 패자는 아예 사라지거나 굴욕적인 종전 협상을 통해 초라하게 쇠퇴했다. 그리고 승전 국도 커다란 성공 뒤에 지독한 후유증을 겪어야 했다. 가장 대표적인 최근 사례가 2001년 미국 뉴욕 심장부에서 벌어진 '911 테러'라고 할 수 있다. '걸프전' 승전국인 미국은 유대교 종주국 이스라엘의 맹방이자 기독교의 맹주로서 중세 십자 군 전쟁 이래 기나긴 종교 전쟁 내지 분쟁의 상대인 중동 무슬럼 국가들을 전쟁으로 패퇴시키거나 무력으로 지배해왔다. 그런 미국이 패전국 테러 조직 '알카에다'에게 처참한 보복 공격을 당하고 말았다. 미국 번영의 상징과도 같았던 쌍둥이 빌딩, 거대한 무역센터 초고층 건물에 민간항공기가 돌진하는 사상 초유의 가공할 공격으로, 총 2,977명이 사망하고 25,000여 명이 부상을 입는 등 최소 100억 불(약 13조 원)의 물적 피해가 발생했다. 그뿐만 아니라 분진 등 공해물질로 인한 암과 중증 호흡기 질환이 확산되는 등 측정조차 할 수 없는 장기적인 피해가 발생했다. 러시아 역시 전쟁으로 강제 편입시킨 체첸 반군의 테러 공격으로 수많은 사상자가 발생하는 피해가 반복되고 있다. 영국은 북아일랜드 분리를 요구하는 아이리시 공화군의 공격을, 스페인은 바스크 반군, 중국은 신장 위구르, 터키는 쿠르드 반군 등의 공격을 받고 있다.

수많은 과거 승전국들은 이렇게 괴롭고도 힘든 대가를 치르고 있다. 우리를 침략전쟁으로 강점하고 수탈, 착취한 일본 역시 세계에서 유일하게 원자폭탄 공격을 받은 패전 국가로 전락한 것은 물론, 지금까지도 전쟁범죄에 대한 비난과 사죄, 배상 요구에 대해 마땅한 해결책을 제시하지 않은 '도덕적 흠결을 가진 국가'라는 낮은 위상에서 벗어나지 못하고 있다. 일본의 청년, 전후 세대들은 자신들이 저지르지도, 관여하지도 않은 조상의 전쟁범죄로 인해 비난과 미움, 그리고 그에 따른 위축이라는 '원죄'에 시달리고 있다. 전쟁의 결정은 노인들이 하지만, 그 대가는 젊은이들이 치른다. 그리고 그 후유증은 후손들이 유전병처럼 대대로 물려받아 지속적으로 고통받게 된다.

20대 국회는 '상설 전투장', 21대 국회는?

총과 포탄으로 살상하고 파괴하는 실제 전쟁뿐 아니라 정당 간의 정치, 기업 간의 경쟁 혹은 개인 간의 관계도 '전쟁'의 방식과 태도, 심리로 임하면 유사한 문제가 발생한다. 다수의 힘이나 물리력으로 상대를 제압하거나 굴복시켜서 당장 원하는 승리와 결과를 얻을 수는 있다. 하지만 패자의 저항과 분쟁, 소송, 분규, 보복 등으로 오랫동안 괴로움을 겪게 되고 결국 그 승자와 패자의 지위와 위치가 뒤바뀌는 일이 발생하기도 한다. 노사분규, 기업 간 소송전, 가문이나 가족 간의 분쟁 등도 마찬가지다.

20대 국회를 '전쟁 국회'라 칭하는 데 반대할 이는 많지 않을 것이다. 시작부터 극단적 대치와 보이콧, 합의 파기, 몸싸움, 장외집회, 고소·고발 남발, 장외 투쟁, 단식, 삭발 등 상대를 '적'으로 설정하고 수단과 방법을 가리지 않은 채 상대에게 가능한 큰 해를 입히고 승리를 쟁취하려는 '전투'들이 계속되어왔다. 이 전쟁의 승패를 가를 최대 격전지는 당연히 '패스트트랙 고지전'이었다. 선거법, 공수처법, 검경수사권조정법, 유치원3법 등 '4+1 연합군'과 '자유한국당'이 사활을 걸고 맞붙은 전투이다. 이 싸움은 2020년 1월 13일 월요일 저녁 8시, 문희상 국회의장이 마지막으로 학교급식법 개정안 통과를 선언하면서 '연합군'의 승리로 끝이 났다. 너무 싱거운 승리였다. 무제한반대토론(필리버스터)를 신청하며 끝까지 항전을 선언했던 자유한국당 의원들은 이미 검경수사권조정 형사소송법 표결이 시작되기도 전에 전투를 포기하고 퇴장했다. 국회 본회의장 오른쪽 좌석은 모두 텅 비어 있었다. 자유한국당은 '패스트트랙 전투'로 인해 황교안 대표와 나경원 전 원내대표 등 지휘부를 포함해 총 23명의 소속 의원이 기소되었고, 37명은 '기소유예' 처분되는 등 처참한 상처와 패전의 아픔을 끌어안아야 했다.

하지만 자유한국당은 이후에도 여전히 전투가 진행 중인 조국, 유재수, 울산시장 선거 등 문재인 정부 대상 검찰 수사와 '총선'이라는 다음 전투에서 전세를 뒤집기 위한 총공세를 멈추지 않았다. 미래통합당으로 당 이름도 바꾸고 대역전극을 만들기 위해 비장의 승부수인 '보수대통합'에 모든 것을 다 걸었다. 하지만 민주당과 서로 위성정당 공방을 벌이며 치른 21대 총선에서 보수정당 전체는 103석에 그치고 말아 180석이 넘는 범여권에 대참패를 당하고 말았다. 과반이 넘는 여당으로 구성된 21대 국회 역시 법사위를 중심으로 한 상임위원장 배분을 둘러싼 다툼으로 시작했다. 공수처법 개정안 처리 등의 안건에 대해 보수 야당인 국민의 힘은 무조건 반대하고, 민주당을 중심으로 한 범여 정당들은 과반이 넘는 다수의 힘으로 밀어붙이는 전투가 여전히 지속되고 있다. '아직 전쟁은 끝나지 않은 것'이다.

시작도 끝도 분명하지 않은 전쟁

우리에게는 너무도 명확한 '적화야욕에 사로잡힌 북한 공산당 세력의 비겁하고 잔인한 남침'이라는 6·25 한국전쟁의 시작에 대해, 북한과 그 동조세력은 정반대의 주장을 한다. 미국과 이란 간 폭격전 시작 역시 서로 상대방의 공격 혹은 공격 시도에 대응한 정당한 '자위권 행사'라고 주장한다. 20대 국회 '전쟁'의 원인과 시작, 책임에 대해서도 여야의 입장 차는 극과 극으로 갈린다. 가깝게는 박근혜 전 대통령 탄핵과 뒤이은 '적폐 수사'의 정당성과 적절성 및 책임 등을 둘러싼 시각 차이, 멀게는 이승만 정권 및 군사독재정권 시절 민주화 운동과 이에 대한 탄압을 둘러싼 논쟁, 더 멀게는 일제강점 및 항일 운동가들의 이념적 지향에 이르는 '역사 전쟁'으로 거슬러 올라간다. 20대 국회 초선 의원들이 지나친 정쟁에 지쳐 상대 당 의원들에게 '도대체 왜 이렇게까지 하시냐'고 물으면 재선 이상의 상대 당 의원들은 바로 '당신들 당 선배 의원들은 과거에 더 심했어요'라는 답을 하곤 했다. 뒤이어 그 의원들의 이름과 19대, 18대, 17대 때 했던 행태와 발언들이 재연되는 상황도 종종 발생했다. 이렇듯 20대 '전쟁 국회'의 기원이 매우 오래된 것이다 보니 '종전'을 위한 해법 찾기가 쉽지 않다. 보수 진보 간 이념의 차이나 여야 간 선거 유·불리 등 '쟁점'이 없는 소위 '비쟁점 민생법안'까지, 자유한국당은 무제한 반대 토론, 필리버스터를 걸고 의사일정을 방해하는 기이한 일이 발생할 정도다. 이러니 차이를 인정하고 '공통점'을 찾아 갈등과 분쟁을 해결하는 전통적인 시도와 접근은 번번이 실패가 예정되어 있었다.

여야를 막론하고 대다수 의원들은 '전쟁을 끝내야' 한다는 데 동의한다. 사사건건 충돌하고 공격하고 싸우는 데 지치고 질리고 너무 힘들다고 이구동성으로 말한다. 그런데 그 논의를 '어떻게' 끝내야 할지에 이르면 '상대방이 먼저 잘못을 인정하고 사과하고 잘못된 과거 일을 되돌려야 한다'며 또다시 날을 세운다. 모두가 끝내고 싶고 끝내야 한다고 생각하는 '정치 전쟁'이 언제 끝날지, 도대체 끝나기는 할 것인지 도무지 알 수 없는 현실이다.

'정치 전쟁'을 부추기는 이들

옛말에 '흥정은 붙이고 싸움은 말려라'라고 했는데 반대로 행동하는 이들도 있다. 초등학생들 중에도 친구들 사이를 이간질하고 싸움을 붙이는 아이들이 있고 군대, 회사, 동호회, 이웃 간에도 그런 이들이 꼭 있다. 재미삼아 그러기도 하고, 이익을 위해 그러는 경우도 있다.

'전쟁 국회'를 부추기는 이들 중 첫 번째로 꼽아야 할 대상은 '언론'이다. 각 당 대변인이나 원내 대변인들은 수시로 기자들에게 '상대 당 누가 이런 말을 했는데 뭐라 대응하시겠어요?'라고 묻는 전화를 받는다. 무대응하면 일방적으로 상대방 얘기만 보도될 테니 여론전에서 불리할 것이란 '친절한 설명'까지 덧붙인다. 당연히 '강력 대응'이 나오게 되고 한동안 후속 기사거리가 될 '싸움판' 하나가 만들어진다. 각 방송의 정치 대담 프로그램도 아예 대놓고 논쟁적 주제로 양 진영 정치인이나 논객을 불러 싸움을 붙이고 구경꾼을 모은다. 국회 각 상임위원회 회의장에서는 전날 혹은 당일 오전에 보도된 제목이나 기사의 내용을 거론하며 상대를 공격하는 발언이 난무하고, 그에 대응하는 날선 반박 및 역공이 오간다. 그날의 안건인 법안 심사 등은 제대로 다루지도 못한 채 정회나 파행으로 가는 일이 다반사다. 그리고 그 과정과 결과는 다시 언론에 보도되고 험악한 표정과 전투적인 표현들은 그날의 뉴스 화면을 장식한다. 특히 '최전선'인 법사위가 제일 심하다. 순조롭게 이루어진 회의, 여야가 머리를 맞대고 토론하며 이견을 좁혀 마련한 민생 법안 같은 '정상적인 정치', '정상적인 국회' 모습은 어지간해선 언론이나 방송에 등장하지 않고 단신으로 처리되고 만다. 대기업이나 특정 산업, 직능 단체 등 이익집단들이 자기편 정치인들에게 '싸워라', '공격해라', '밥값 해라'라고 요구하며 '전쟁 국회'를 주장하기도 한다. 정상적인 정치, 국회 일정이 제대로 이뤄지면 진행될 '치명적인' 입법이나 정책, 혹은 수사 등을 막기 위해서다.

　각 당이나 진영, 혹은 주요 정치인의 적극 지지자들 역시 '정치 전쟁'을 요구하고 부추긴다. 조용하고 차분한 대화와 토론, 타협과 협상을 했을 때 '사악한' 상대편에게 말려 피해를 입고 당할 것이란 '불안감'에 사로잡혀 있기 때문이다. 일부 극렬한 이들의 경우 내면의 불만과 분노 등의 감정을 '정치 전쟁'을 통해 나타내려고 한다. 강하고 자극적으로 상대방을 공격하는 모습을 보고 대리 분출하려는 욕구가 작용하는 것이다. 최근에는 유튜브 등을 통해 '정치 전쟁 중계' 및 '편파 해설', '용병 역할 자처' 등을 통해 큰 이익을 올리는 '정치군수업자'들도 다수 있다. 물론 이들과 '공익적 목적' 및 '선한 의지'로 민주 시민으로서의 정당한 권리를 행사하고 바람직하고 적극적인 정치 참여를 하는 이들 사이에는 분명한 구분이 필요하다.

'전쟁 국회'로 이득을 얻는 사람, 피해를 입는 사람

실제 전쟁이 그렇듯 '정치 전쟁' 역시 수많은 사람과 가정, 사회, 환경을 파괴하는 엄청난 폐해를 남기는 한편, 일부에게는 엄청난 이득을 안긴다. 세력의 확장, 권력의 강화, 막대한 경제적 이익, 내부 분열과 갈등의 해결, 재앙적 실수나 범죄적 잘못 덮기 및 골치 아픈 문제의 소멸 등…. 그 대가로 치러야 할 비용은 엄청나다. 앞서 언급한 대표적이고 물리적인 피해를 제외하고서라도 말이다. 소위 '전시 체제'로 재편되고 동원되는 사회와 조직은 상명하복의 경직된 문화와 '대를 위해 소를 희생하는' 냉혹한 전체주의, 피해의식과 공격성, 분노 등의 심리적 위해요인이 가득한 '위험사회'로 바뀌어나간다. 자유와 창의는 억눌리고 학술·문화·예술·경제·스포츠 등 각 분야의 인재들은 제 실력을 발휘하기보다 충성심과 권력과의 관계에 유린되기 일쑤다.

'전쟁 국회' 역시 마찬가지다. 토론과 협상, 연설과 설득, 갈등 조정과 문제 해결, 입법과 정책 등 제 기능과 역할은 사라지거나 뒤로 밀려난다. 고발과 폭로, 막말과 인신공격이 난무하게 되며 충성심과 권력과의 관계에 따라 권한과 역할, 지위, 기회가 주어진다. 허위사실 유포, 명예훼손 혐의로 수수방관하다 기소되거나 민사법원에서 손해배상 명령을 받은 정치인들이 사과나 반성은커녕, 근거가 확실하지 않은데도 계속해서 상대에게 폭로와 인신공격, 막말을 해대는 현실을 보면 자명하다. 국회 패스트트랙 폭력 사태의 범죄 피의자들에게 공천 걱정하지 말라던 당시의 자유한국당 지도부,

인사청문회장을 비난과 막말로 물들인 의원들에게 표창장을 주며 박수치고 좋아하던 의원들을 보면 그렇다. 또 반대로 소위 '조국 사태' 과정에서의 검찰이나 법원, 비판적 지식인, 심지어 추미애 전 법무부장관 아들의 휴가미복귀 의혹을 제기한 군 내부고발 사병 등 힘없는 개인에게까지 독설과 과도한 인신공격을 자행하는 현실을 보면 그렇다. 정상적인 정치 상황이었다면 고 박원순 서울시장 성폭력 사건 피해자에게 2차 가해를 서슴없이 가한 범여권 정치인은 도저히 용납되지 않고 유권자들의 심판을 받아 퇴출되었을 것이다. 하지만 좌우, 진보, 보수, 여야 간 전쟁 중인 한국 정치 상황에선 이 모든 게 큰 문제없이 지나간다. 오히려 전통적인 지지층으로부터 환호와 박수와 응원을 받는다.

21대 국회를 '경쟁 국회' 원년으로

20대 국회 막바지에, 여야를 막론하고 '정쟁에 지친' 40~50대, '비교적 젊은' 국회의원들이 불출마를 선언하게 된 공통된 배경과 원인엔 '전쟁 국회'가 있다. 민식이, 하준이, 해인이, 태호, 유찬이, 한음이 등 입법과 제도 정책의 미비로 안타깝게 숨진 어린이들의 부모님들이 무릎을 꿇고 호소해도, 입법은 내팽개치고 싸움에만 몰두하던 일그러진 국회의 이유이기도 하다. 부동산 대책, 코로나19 사태, 사회 양극화, 청년 실업, 교육 개혁, 사법개혁, 자영업 위기, 경제 살리기, 북한 핵 문제, 한일관계, 기후변화 등 환경 대책…. 정치와 국회가 머리를 맞대고 토론을 통해서 이견을 조율하고, 치열한 입법과 정책 경쟁에 몰두해야 할 안건들이 가득하다. 국회는 국가와 국민을 위한 이런 중요 의제에 초당적 협력을 하는 '정상적인 모습'을 회복해야 한다.

세계열강의 갈등과 경쟁, 분쟁의 틈바구니에서 생존해야 하는 대한민국의 역사적, 지정학적 운명이 '정치 전쟁 종식'을 강하게 요구하고 있다. 북한의 비핵화를 이끌어내고 한반도의 항구적 평화와 공동번영이라는 민족적 과제는 '국회 전쟁'을 당장 끝내라고 엄중하게 채근한다. 세계 10위권 경제규모에도 빈곤과 차별과 결핍에 시달리는 서민들의 명령은 더욱 긴급하다. 지금부터 '전쟁 정치'를 조장하고 이를 통해 이익을 취하는 정치꾼들을 솎아내고, 토론과 협상, 설득과 타협에 의한 갈등 조정, 문제 해결, 입법과 정책 능력, 국가와 국민을 위한 공익적 사고가 이루어지는 국회로 운영해야 한다. 그런 판단 능력을 갖춘 참 일꾼들을 응원하고 지지해 21대 국회를 정상적인 정치, '경쟁 국회' 원년으로 만들어야만 한다.

21대 국회는 20대 국회에 비해 초선 의원이 19명 더 늘어 총 151명이다. 전체 300명 국회의원 중 과반을 차지하고 있다. 이제 우리 국회는 16년 만에 가장 젊은 국회가 되었다. 재선 의원 74명까지 더하면 국회의원 전체의 75%가 초·재선이다. 이는 정쟁만 일삼던 20대 국회에 국민이 내린 철퇴와 심판이며, 구태 정치를 벗고 국가와 국민을 위해 제대로 봉사하라는 명령이라고 볼 수 있다. 하지만 이렇게 시작한 21대 국회 역시, 아직은 초·재선 의원의 활동보다 당 지도부 중심의 진영 싸움, 정쟁 국회의 모습이다. 정상적인 정치, '경쟁 국회'는 정당과 정치인뿐 아니라 언론과 시민, 우리 모두의 숙제라는 것을 다시 한 번 각인해야 한다. 선거 때만 보여주는 민심, 표심만으로는 안 된다. 특정 정당이나 정치인들의 강성 지지자들뿐만 아니라, 일반 국민들이 선거 이후에도 지속적으로 정치인과 국회를 감시해야 한다. 국민으로서 의견을 끊임없이 제시하는 것은 물론, 초·재선 의원들을 당이나 자기 진영의 핵심 권력자들이라고 생각해선 안 된다. 그들이 국민을 바라보며 정상적이고 상식에 부합하는 정치를 할 수 있도록 주인의식을 발휘해야 한다. 정치 정상화로 가는 길, 이제 시작이다.

3부

정치와
정치질 사이

차별과 혐오의 정치심리학

2019년 5월, 백인 미국 경찰관의 무자비한 폭력으로 흑인 조지 플로이드가 사망했다. 이 사건의 파장으로 전 세계적인 인종차별 반대 운동이 확산되었다. 한편, 미국 일부 지역에서는 이 틈을 탄 약탈과 방화 등 집단적 폭력이 일어났고, 우리 교민 등 또 다른 소수 인종, 혹은 사회적 약자들이 참담하고 안타까운 피해 상황에 내몰렸다. 사건 발생 9일 만에 프란체스코 교황은 '인종차별은 용납할 수 없는 문제'라며 미국 경찰의 인종차별 범죄를 강하게 규탄하는 한편, 폭력 시위에 대해서도 '자기파괴적이며 자멸적인 행위'라고 비판하면서 모든 폭력을 당장 멈춰달라고 호소했다. 유럽 프로축구

구단들과 선수들을 포함한 전 세계 유명인들도 여기에 목소리를 보탰다. 다행히 이 이후에 약탈과 시위대의 폭력이 눈에 띄게 줄었고 평화시위가 시위의 주를 이루게 되었다. 하지만 이후 백인 경찰관들의 유색인종을 향한 폭력과 가혹행위 사례들이 추가로 발생했고, 백인 청년들이 플로이드 사망 당시의 모습을 철없이 재연해 온라인에 공개하고 공유하는 '플로이드 챌린지'를 이어가는 등 어처구니없는 상황이 연출되기도 했다. 백인우월주의 테러단체 'KKK단 리더'라고 자칭하는 백인 남성 해리 로저스(36세)가 인종차별 반대 시위 군중을 향해 트럭을 타고 돌진하는 사건도 발생했다. 게다가 또 다른 KKK단 소속 백인 남성이 시위대를 향해 총기를 휘두르다 검거되는 등 불씨는 여전히 남아 있는 상황이다. 자칫, 53명이 사망하고 수천 명이 부상당했던 1992년 LA 폭동이 재발될까 우려된다.

지난 2016년 말 평화로운 촛불 시위로 부패 권력을 몰아내고 세상을 바꾼 대한민국 시민들의 위대한 지성, 시민정신과 비교되는 모습이다. 하지만 이번 사건의 원인과 배경이 된 '차별'과 '혐오' 문제만 놓고 보면, 우리의 상황도 그리 나을 게 없어 보인다. 저개발국 출신 유색인종의 외국인, 성소수자 등 사회적 약자를 향한 차별과 혐오는 전혀 나아질 기미가 보이지 않고 있기 때문이다.

차별과 혐오를 부추기는 '이녹 파월의 후예들'

이러한 망국적인 차별과 혐오의 뒤에는 정치인들이 도사리고 있다. 미국과 대한민국 모두 마찬가지다. 미국의 경우 트럼프 대통령과 그 지지 세력들의 이민 반대, 백인 우월주의적 정책과 발언들이 보수 성향 매체를 통해 확대 전파되었고, 이후 극우 성향 단체와 집단, 개인의 혐오 표현과 증오 범죄로 이어졌다. 더 나아가 인종차별 의식을 가진 경찰관들의 잘못된 분노가 폭력 및 가혹행위로 분출되었다고 보인다.

한편, 우리의 20대 국회는 가히 '차별과 혐오 발언의 경연장'이었다고 해도 과언이 아니다. 2018년 예멘 난민 사태가 발생했을 당시 국회 법사위에서는 인종차별, 이슬람 혐오, 난민과 외국인 노동자 증오 발언들이 여과 없이 쏟아졌다. 헌법재판관 후보자 인사청문회, 대법관 후보자 인사청문회, 헌법재판소와 대법원 국정감사 현장에서는 '동성애를 찬성하냐? 반대하냐' 식의 잘못된 차별적 질문이 난무했고, 동성애가 에이즈를 전파시킨다 등의 근거 없는 괴담, 성소수자에 대한 혐오발언이 쏟아져 나왔다. 이런 발언이 잘못되었다고 문제를 제기해도 그때뿐이었다. 시간과 장소가 바뀌면 똑같은 차별과 혐오 발언이 계속됐다.

미국과 한국의 정치인들이 외국인과 이민자, 소수 유색인종, 난민, 성소수자에 대해 차별과 혐오 발언을 지속하는 것은 그들의 소양과 지성 부족 때문만이 아니다. 한 번의 실수라면 그러려니 하겠지만, 문제를 지적받고도 지속하는 것은 분명히 '고의적인 행동'으로 봐야 한다. 이런 행동이 윤리적, 도덕적, 학술적으로 잘못된 것일지라도 득표나 여론지지 획득에 도움이 된다는 '정치적 판단'을 했기 때문이다. 특히 경제 침체와 높은 실업률 등으로 자국민이나 주류 인종, 사회적 그룹 사이에 불만이 팽배할 때 외국인, 소수 인종, 사회적 소수자 등 '이방인'을 비난하고 공격하면 다수의 지지와 공감을 얻게 된다. 이런 발언이 소수자에 대한 혐오를 부추기고 사회적 분열을 야기한다는 학계나 사회단체의 문제 제기와 비판은 양심을 찌르는 아픔을 주지만, 그것도 조금만 버티면 지나가버린다는 것을 그들은 이미 학습했다.

중세에 십자군 전쟁에서 대패한 전제 군주와 교단이 위기를 타개하기 위해 자행한 마녀 사냥과 종교 재판이 그러했다. 전 세계를 전쟁의 참화로 몰아넣은 독일 히틀러 나치의 '유태인 악마화' 역시 이와 마찬가지였다. 1923년 일본 관동대지진 당시 일본 정부 내무성이 "재난을 틈타 이득을 취하려는 무리들이 있다. 조선인들이 방화와 폭탄에 의한 테러, 강도 등을 획책하고 있으니 주의하라"는 내용을 각 경찰서에 하달했고, 이후 조선인 학살이 자행된 것도 궤를 같이한다. 현대 정치사에서 가장 대표적인 사례는 아마 1968년 영국 보수당 국회의원 이녹 파웰의 '피의 강' 연설일 것이다. 고대 그리스 문학 교수 출신인 파웰은 당시 영국 사회에 팽배했던 국수주의와 인종주의에 호소했다. 너무 많은 이민자가 영국에 들어와 일자리를 차지하는 바람에 실업률이 높아지고 영국인들은 일자리를 잃었다고 주장했다. 당시 집권 노동당이 추진하던 '인종차별 금지법안'에 강력한 반대 의사를 천명했다. 그 연설의 파장은 엄청났다. 학계와 언론, 시민 사회단체는 파웰을 맹비난했고 그가 소속된 보수당에선 파웰에 대한 징계에 이어 출당 조치를 내렸다. 하지만 소위 '샤이 보수'를 비롯한 다수 백인 영국 유권자들은 파웰의 의견에 동조하며 총선에서 보수당에 표를 몰아줬다. 보수당은 예상 외의 대승을 거뒀다. 연설 이후 파웰은 정치적으로 몰락했지만 그가 남긴 '더러운 유산'은 보수 우파에게 승리를 안겨주었다. 지금도 미국과 유럽의 극우 정치인들은 제2, 제3의 이녹 파웰이 되어 극단적인 이민 반대, 외국인 혐오, 인종 차별, 성소수자 차별 발언과 차별 정책을 내세우고 있다.

우리나라의 극우 성향 국회의원과 정치인들도 이와 유사한 행보를 보였다. 다만 1968년과 다른 점은, 그사이 시민과 사회의 인식과 태도가 달라졌고 집단 지성의 작동 기제가 무척 발달했다는 점이다. 플로이드 사망 사건 이후의 미국 대선 후보 지지 여론조사 결과나 우리나라의 지난 21대 총선 결과가 보여주듯, 눈앞의 이익과 선동에 휘둘리는 극우 국수주의 성향의 시민은 소수이다. 인류 보편의 가치와 이상을 공유하는 민주 시민이 다수를 차지하는 것이 21세기의

현실이다. '제2의 이녹 파웰'이 있는 정당이나 정파는 거의
예외 없이 냉혹한 여론의 심판을 받게 됨을 우리는 목격하
고 있다.

우리 정치 속에 박힌 '카인의 후예' 이론

인종차별의 뿌리는 깊다. 그리고 그 뒤에 도사린 악마적인
이익의 크기도 막대하다. 미국의 인종차별은 1501년경으로
거슬러 올라간다. 아메리카 대륙을 발견한 유럽인들은 사탕
수수, 목화 등을 대규모로 재배하기 위해 많은 노동력이 필
요해지자, 아프리카에서 대량으로 원주민들을 사거나 납치
해 데려왔다. 이것이 바로 '흑인 노예' 제도의 뿌리다. 어쩌면
일제 강점기에 조선인을 미개한 이등 시민으로 치부하며 강
제 노역시키고, 학도병, 종군 위안부를 강제 동원해 잔혹한
차별을 자행한 맥락도 이와 매우 유사하다고 볼 수 있다. 학
식과 교양, 인간애 및 기독교 신앙을 자랑하는 백인 상류층
사람들이 그들과 같은 인간을 소나 말 등 가축과 같은 '상품',

'재산'으로 취급하고 소유의 대상으로 삼았다. 더불어 무자비한 매질과 고문, 성폭력 등 학대를 자행했다.

이런 '흑인 노예' 제도를 가능하게 만든 것은 사이비 기독교 속설인 '카인의 후예' 이론이다. 대규모 사탕수수, 목화농장을 운영해 큰돈을 벌면서 그들에게는 대가를 주지 않고 휴식도 없이 강도 높은 노동을 계속할 인력이 필요했던 자본가들, 그들은 생김새가 다른 아프리카 흑인들을 노예로 삼을 논리적 근거와 합리화의 명분이 필요했다. 그리고 그것을 기독교 속설에서 찾아냈다. 5·6세기경에 제작된 것으로 추정되는 아르메니아 동방교회의 성서 《아담북》에 "하느님이 카인의 얼굴을 내리치사 그의 얼굴이 마치 석탄처럼 검게 변했으며 그 이후 카인의 얼굴은 계속 검은 색이었다"라는 내용이 기술되어 있다는 주장을 발견한 것이다. 이것은 정통 기독교에서 인정하는 성경 해석도 아니었고 진위 여부 또한 불분명했다. 하지만 백인 자본가들의 이해에 부합하는 주장이었기에 그들에게는 진리인 듯 받아들여졌다.

이미 노예 제도가 폐지되었고 인종차별은 범죄가 되었지만 여전히 할리우드 영화나 드라마, TV, 신문, 잡지 등 각종 매체에는 흑인이 여전히 어둡고 음험한 역할의 이미지로 자주 등장한다. 그리고 그 이미지는 대중의 무의식 속에 '카인의 후예' 속설을 깊이 각인시키고 있다. 특히 미국 경찰 내엔 백인이 다수여서 공식 교육과 훈련으로 인종차별 금지를 강조해도, 여전히 이들의 하위문화나 법집행 관행에는 인종차별이 뿌리 깊게 자리 잡고 있다. 흑인, 히스패닉 등 유색인종의 범죄율이 높다는 공식 통계 등을 내세워 검문·검색, 단속 활동을 할 때 흑인 등 유색인종 중심으로 하는 '인종 프로파일링'이 실행될 정도였다. 우리의 '유전무죄' 문제처럼, 같은 범법행위를 해도 백인과 유색인종에 대한 경찰과 검찰, 법원의 대응이 다르기에, 공식 범죄 통계에는 백인보다 유색인종의 범죄가 과도하게 많이 나타난다는 것이 다수의 범죄학 연구와 조사에서 밝혀졌다. 클린턴 전 대통령은 사실을 간과한 대표적인 통계 오해 내지 악용 사례로 꼽히는 이러한 '인종 프로파일링'을 금지했고, 미 법무부에서도 금지했다. 즉, 이것은 공식적으로 불법화된 프로파일링인 것이다. 하지만, 미국 경찰 실무에서는 여전히 자행되고 있다는 연구 결과들이 발표되고 있다.

우리나라의 보수 정치인들이 자주 사용하는 '외국인 범죄율이 높다', '동성애가 에이즈를 퍼트리는 주 원인이다', '광주 민주화 항쟁은 북한 특수부대원 600명이 주도한 것이다' 등의 차별과 혐오를 부추기는 논리도 마찬가지다. 그럴 듯한 허위나 유사한 사진, 경험담, 통계 등을 가져와 마치 사실인 양 대중을 속인다. 그 허위와 기만을 밝히긴 쉽지 않고, 지난한 노력이 필요하다. 이를 잘 아는 정치인들은 대중을 속이고 쉽게 선동해서 지지 세력을 결집하고 정치적 이익을 챙기기 위해 이녹 파웰처럼 시민을 선동한다. '차별의 논리'를 내세우고 전파하는 것이다.

한국의 차별과 혐오가 자기기만인 이유

세계에서 가장 돈 많고 힘센 나라 미국, 민주주의와 인권의 식도 선진국임을 내세우며 다른 나라에 외교 간섭과 군사 개입까지 하던 '세계 경찰' 미국이 인종차별이라는 뿌리 깊은 스스로의 문제를 해결하지 않는다면, 세계인의 신뢰와 존경심을 잃게 될 것은 분명해 보인다. 세계 10대 경제 대국으로 '확장된 G7(G11 혹은 G12)'의 일원으로서 세계 경영에 동참해달라는 요청을 받는 대한민국도 마찬가지다. 미국 흑인들처럼, 일본으로부터 뼈에 사무치는 지독한 차별과 피해를 겪은 우리가 다른 아시아 혹은 아프리카 출신 외국인을 차별하는 것은 자기 부정과 다름없다. 성소수자에 대한 차별과 혐오를 자행하면서 '카인의 후예'와 유사한 엉터리식 합리화 논리를 동원한다면 그것은 부끄러운 자기기만이다. 다행스럽게도 미래통합당 초선 의원들이, 모든 차별에 반대한다면서 단체로 한쪽 무릎을 꿇는 퍼포먼스를 펼쳤다. 이 퍼포먼스가 그동안 소속 정당이 강하게 반대하던 차별금지법 제정에 대한 찬성, 아니 입법 발의와 통과를 주도하는 '행동'으로까지 이어진다면 그 진정성을 인정받을 수 있을 것이다. 민주당 내에도 그동안 성소수자 차별 발언을 공개적으로 해오던 의원들이 있었다. 누가 차별과 혐오의 정치를 끝내는 참 자유 수호자, 진정한 민주주의 선도 정당인지 경쟁할 때가 도래했다.

국제연합(UN)에서 호소하듯 다양성은 위협이 아니라

'장점'이다. 미국 경찰의 인종차별 살인 범죄를 규탄하고 백인우월주의 극우 정치 및 종교인들의 억지 주장을 비판하며, 모든 종류의 폭력에 반대하는 국제 표준, 시대정신에는 여야 좌우가 따로 있을 수 없다. 우리 안의 혐오와 차별, 폭력에 대한 반대 역시 마찬가지다. 21대 국회의원 전원 그리고 모든 정당이, 한쪽 무릎을 꿇은 미래통합당 초선 의원들의 뜻과 의지에 동참해 차별과 혐오의 정치를 끝내야 한다. 그리하여 21대 국회에서는 서로의 차이를 존중하고 다양성을 인정하는 자유와 민주주의에 기반을 둔 멋진 '정치 경쟁'을 시작해야 한다.

사람을 살리는 '정치',

죽이는 '정치질'

세상에는 사람의 생명을 앗아가는 다섯 가지 위험이 있다. 전쟁, 재해, 인재, 질병, 범죄가 그것이다. 인류 문명은 생명보다 소중한 것은 없다는 합의를 유지하고 있고, 국가의 역할 중 가장 중요한 것이 국민의 생명을 지키는 것이라고 인식하고 있다. 당연히 '정치'의 역할과 임무 중 가장 근본적이고 중요한 것도 전쟁을 막고 재해 및 재난 피해를 예방하거나 최소화하는 것, 보건 및 의료 체계를 지속 발전시켜서 질병으로부터 국민 생명을 구하는 것, 범죄 예방과 수사, 피해자 보호 및 지원에 최선을 다하는 것이다. '정치'가 제 역할을 다하는 세상에서는 사람들 대다수가 평화와 안전, 건강을 최대한 보장받으면서 문화를 누리고, 경제, 개인적 성취 등 더 나은 삶의 질을 누릴 수 있다.

전쟁과 내전의 참화 속에 내던져진 비참함, 폭우·가뭄·태풍 등 예상되고 반복되는 재해를 대비하지 못해 속절없이 대량 피해를 입는 걸 지켜볼 수밖에 없는 억울함, 툭하면 건물과 다리가 무너지고 안전불감증이 야기한 산업재해로 수많은 생명이 스러지는 고통, 감염병이나 중증질환을 방역하고 치료하는 공공의료 기반이 취약해서 퍼지는 공포와 불안, 각종 폭력과 살인 앞에 무방비로 노출된 약자들의 두려움…. 이것이 '정치'가 타락하거나 부패, 방만, 실종된 사회의 현실이다. 정치가 실종되거나 제 역할을 못하는 곳에는 예외 없이 '정치질'이 난무한다. '정치질'은 힘과 돈, 지위와 권한을 가진 자들끼리 긴밀하게 만나고 사귀고 연결되어 공고한 상생 협조의 카르텔을 구축하는 것을 뜻한다. 좀 더 구체적으로는 이러한 사회권력 내부 '인사이드'로 진입하기 위해 유력자에게 접근하고, 연결고리를 찾아 뇌물이나 선물 혹은 충성을 제공하는 행태도 '정치질'이다. 경쟁자나 방해자 혹은 친분관계가 없는 외부인을 모함하고 차별, 배제하는 행위도 '정치질'이다. 전쟁과 재난, 재해와 질병, 범죄로부터 국민 대다수를 보호하기 위해 써야 할 재원을 정치인들의 사리사욕을 채우거나 권력 유지를 위해 쓰는 것도 하나의 '정치질'이라고 할 수 있다. 무리한 주장으로 국민을 선전·선동하고 가짜뉴스 조작 등으로 민심을 호도하고 지역감정이나 이념 갈등을 일으켜 국민을 분열시키는 것도 역시 대표적인 '정치질'이다.

'정치질'에 얼룩진 아픈 역사

우리가 살고 있는 이곳 한반도와 동아시아 역시 예외가 아니다. 장삼이사 평범한 백성과 국민들이 아무리 성실하게 하루하루 살아가도, 정치가 썩고 정치인이 '정치질'에 탐닉할 때면 전쟁과 전쟁 위협, 부정부패와 재난, 질병, 범죄들이 난무했다. 그때마다 수많은 생명이 스러지고 피와 눈물이 강처럼 흘렀다. 국민들의 희생과 노력으로 가까스로 '정치의 큰 틀'이 바로잡힌 1987년, 그리고 2017년 이후 우리에게 가장 먼저 찾아온 것은 '평화', '전쟁 위협의 감소'였다. 전쟁과 군사적 도발, 충돌 및 한반도 긴장 고조로 인해 피해를 입을 수도 있었던 수많은 생명을 살리게 된 것이다. 물론 이런 노력에도 불구하고 '북한의 정치질'로 인해 위협이 고조되고, 우리 군인 혹은 민간인이 목숨을 잃거나 부상당하는 일들이 발생하곤 한다. 이런 '북한 변수'에 흔들리지 않고 국제사회와 함께 평화를 향한 노력을 지속하는 것 역시 '정치'의 역할이자 힘이다.

'정치질'은 '북한 이슈'를 과장하고 확대 증폭하며 국민을 불안에 떨게 한다. 그 결과 긴장이 고조되어 국지적, 군사적 충돌이 일어나거나 거리와 광장에서 이념 갈등 집회가 충돌해 사상자가 발생한다. 실례로 개성공단과 금강산 관광 등 국가를 믿고 남북 협력 사업에 전 재산을 투자한 국민들과 그 가족들의 삶은 무너지고 말았다. 남북관계와 연결된 한·미, 한·중, 한·일 관계가 미묘하게 꼬이면서 무역과 투자 수출, 교류 사업에 종사하는 수많은 국민이 마른하늘에 날벼락 같은 피해를 입고 실의와 좌절에 빠졌다. 이것이 '정치질'이 사람을 죽이는 대표적인 사례다.

적재적소 '공정한 인사'는 정치의 가장 중요한 기능 중 하나다. 무수한 생명을 살리고 피해를 미연에 방지한 K-적재적소 인사들이 있었다. 한강의 기적을 일구고 경제를 살리며, 가난을 해결하고 공공 보건 시스템의 기초를 닦아 '사람을 살린' 정치의 좋은 예들 말이다. 반면 보수와 진보를 막론하고 측근 인사, 보은 인사, 낙하산 등의 '정치질'로 한강 다리가 무너지고 아파트와 백화점이 붕괴된 '사람을 죽인' 경우들도 많다. 아이들이 화마에 휩쓸리고 지하철 승객들이 화염과 유독 가스에 간힌 채 처참하게 세상을 떠나고, 예상되는 폭우와 홍수의 피해를 방치하거나 가중시키는 등 '인재'를 야기한 사례들이 부지기수다. 눈에 보이고 기록으로 남겨진 '인재'만의 문제가 아니다. IMF 국가부도 사태로 수많은 사업체가 도산하고 직장인이 일터를 잃고 가정이 붕괴되고, 그 결과 자살과 정신질환, 건강 악화 등 수많은 인명 피해가 발생했다. 그 규모는 측정이 어려울 정도로 막대하다. 모든 공직과 공공기관 업무는 어떤 방식으로든 국민의 생명과 연결된다. '불공정 인사'가 있는 곳에는 생명 손상의 위험이 늘 함께 존재함을 기억해야 한다.

'정치질'에 민감한 사람, 둔감한 사람
그 차이를 만들어내는 요인

객관적으로 '정치질'이라고 평가할 수 있는 행위를 하는 사람들 중 다수는 자신들이 '정치'를 하고 있다고 강변한다. 실제 그들 중 다수는 그렇게 믿고 있다. 자신과 아무런 관계도 없고 알지도 못하는 무고한 피해자들을 여러 명 살해한 연쇄살인범 지존파나 유영철 같은 범죄자들이 방송 카메라 앞에서 자신들은 잘못이 없다고, 더 못 죽인 것이 오히려 한스럽다고 당당하게 말하는 것과 닮은 '합리화'라는 '범죄 심리' 때문이다. 모든 사람들은 어릴 때부터 다른 사람을 해치면 안 되고, 남의 것을 빼앗으면 안 되고, 거짓말하지 말고 공정하게 살아야 한다고, 사회 규범을 지켜야 한다고 '사회화' 학습 과정을 거친다. 규범을 어기는 것은 '나쁜 짓'이고 나쁜 짓을 하면 벌을 받는다고 배운다. 가족과 주위 사람들의 실망과 불신, 하늘의 천벌 같은 무서운 대가가 온다는 인식도 각인된다. 개인적 상황에 따라 정도의 차이는 있지만 가정과 학교, 종교뿐 아니라 교양책, 만화책, 방송과 영화 등 각종 미디어가 모두 사회화의 기제이고 도구다. 이렇게 사회화가 된 사람은 '나쁜 짓'이라는 생각이 들면 '불안' 정서가 몸을 지배하면서 심장 박동이 빨라지고 혈류 속도가 증가한다. 그 후 피부가 간지러워지고 땀 등의 분비물이 증가하는 생리현상이 나타난다.

그런데 성장과정에서 나쁜 짓을 해도 처벌받지 않는 (혹은 견딜 만하게 경미한 처벌만 받고 넘어가는) 경험을 한 사람들은 점차 불안 정서를 덜 느끼게 된다. '둔감화' 현상이 일어나는 것이다. 속된 말로 '얼굴이 두꺼워'진다. 그리고 둔감화 과정에서 미리 기분 나쁜 불안정서 반응을 회피하기 위해 자신의 나쁜 짓을 '합리화'하는 방법을 터득하게 된다. "내 행동은 다른 나쁜 사람들이 하는 짓과는 달라(가해의 부정). 직접 누군가를 해치거나 큰 손해를 끼치는 건 아니잖아 (피해의 부정), 혹시라도 날 비난하는 놈들은 실제론 뒤에서 나보다 더 나쁜 짓들을 하는데(비난자에 대한 비난), 내 행동이 설사 윤리나 규범, 혹은 법에 위반되더라도 궁극적으로 더 큰 정의, 정치적 올바름, 국가사회의 이익을 위한 것이기 때문에 괜찮아(상위 가치에의 호소)"라고 생각한다.

성장 과정에서 이 '합리화'의 방어기제, 혹은 범죄 심리가 얼마나 강하고 깊게 내면화·체계화되는지는 개인별로 차이가 크다. 그것이 인격, 성격, 품성, 성향의 차이를 가르는 중요한 기준이라고 할 수 있다. '정치질'을 일상적으로 하는 사람들은 어린 시절부터 합리화의 함정에서 벗어나려는 스스로의 노력이나 외부의 교육적 개입이 매우 부족한 상황에 장기간 노출되었다. 이런 상황에서 '합리화 방어기제'가 반복적으로 작동하며 고착화, 고도화됐을 것이다. 이런 사람들은 정치 현장에서 많이 발견되지만 비단 정치판만이 아닌 모든 직장, 조직, 사회에도 다수 존재한다. 그리고 '정치질에 서툰' 주위 사람들에게 상처와 아픔과 피해를 안기며 살아간다.

최숙현 선수를 죽인 '정치질'

고등학생 때부터 태극마크를 달았던 한국 철인3종 경기의 유망주, 고 최숙현 선수를 죽음으로 내몬 경주시 트라이애슬론(철인3종경기) 전 운동처방사 안주현(가혹행위 혐의로 구속

기소)에 대해 법원은 징역 8년과 벌금 천만 원을 선고했다. 전 감독과 선배 선수 등도 경찰의 수사를 거쳐 검찰에 의해 기소돼 별도의 재판을 받고 있다. 고 최숙현 선수가 생전에 경주시와 대한체육회, 경찰과 국가인권위원회 등에 진정, 민원, 신고를 하며 계속적으로 호소했지만, 아무도 폭행과 모욕, 강요, 집단 따돌림, 심지어 성폭력 행위들이 있었다고 인정해주지 않았다. 죽음으로 호소한 이후에야 모두 사실이었음이 밝혀졌다. 이후 경주시 16개 시민사회단체는 경주시 체육회장을 재임했던 경주시장의 책임과 인정, 사과를 촉구하는 기자회견을 열었다.

이와는 별개로 이미 우리 사회는 오래전부터, 가깝게는 빙상 조재범, 유도 왕기춘, 역도 사재혁, 배구 이상열 등의 대표적 피해 사례와 체육 인재들의 무수한 피해 호소를 잘 알고 있다. 이런 사건 이후엔 '정치'가 작동해 국회에서의 조사와 질의, 문화체육부와 대한 체육회에 대한 조사, 교육, 전담기구 신설 등의 제도와 정책, 집행 등의 조치가 이루어졌다. 국민권익위원회와 국가인권위원회, 경찰과 검찰 등 수사기관의 노력도 마찬가지다. 그런데 경주시 트라이애슬론 팀에서 벌어진, 일제 강점기 고문을 연상케 하는 극단적 가혹행위들의 면면과 가혹행위의 조직화·일상화된 상태, 무엇보다 그 반공개적인 신체적·정신적 고문이 자행된 기간은 모든 법과 제도, 정책, 교육이 얼마나 허술하고 무용지물이었는지를 여실히 증명해준다. 마치 근육이 발달한 건강한 사람이 바이러스나 세균, 암세포 혹은 기생충에 의해 허무하게 스러지는 모습이 연상된다.

그 중심에 '정치질'이 자리 잡고 있었을 가능성이 농후하다. 스포츠 폭력 예방, 적발, 조사, 처벌, 피해자 보호 시스템이 무력화된 이유는 그 시스템 내에서 누군가 제 역할을 하지 않은 탓이다. 아마도 그 이유는 그 역할에 맞지 않는 사람이 그 자리에 있었거나, 역할·책임·권한 혹은 인사 관리, 재원 배분 등이 제대로 이루어지지 않았기 때문일 것이다. 큰 틀의 법과 제도, 정책을 잘 만들었다고 해도, 그 시스템이 잘 작동하는지 수시로 점검하고 개선하지 않으면 녹슬고 오작동되는 건 한순간이다. 정실인사, 측근인사, 청탁과 뇌물, 연줄과 배경을 이용한 무마, 불합리하고 불공정한 처리…. 고 최숙현 선수는 생전에 경주시, 철인3종 경기 협회, 대한체육회 스포츠인권센터, 문화체육관광부, 경찰, 국가인권위원회 등 여섯 군데에, 용기 있으면서도 절박한 신고와 민원, 탄원, 호소를 했다. 그러나 어떤 기관과 담당자도 제 일, 제 역할, 제 책임을 제대로 수행하지 않았다. 그 구체적인 생태와 원인을 철저히 규명해 책임을 물어야 한다. '실효성 있는' 개선책과 재발방지 대책을 수립하고 시행해 지속적인 점검을 해야만 한다.

뉴질랜드 국회에서 발견한 '정치질'을 없애는 방법

20대 국회에서 내가 목격한 것은 '정치'와 '정치질'의 복잡하고 위험한 공생이었다. 국회의원 회관 로비와 각 층 복도에는 무수한 사람들이 오간다. 각 이익집단의 '대관업무' 담당자의 실질적인 로비 활동도 있고, 이런저런 청탁을 하려는 지역 유지나 업자, 정치 주변 인물들도 많이 눈에 띈다. 선거철이 되면 각 당은 소속 의원들로 하여금 각종 '직능단체' 대표자와 관계자들을 만나 지지를 확보하라고 한다. 노조 학술단체, 예술인 단체, 각종 체육 종목 협회, 각 직업군 은퇴자 단체 등등. 그 결과 해당 단체들이 특정 후보나 정당에 대한 공개 지지선언을 하는 일도 흔한 풍경이 되어버렸다. 선거 후 관련 단체 대표나 관계자들이 공직에 임명되거나 지방선거나 국회의원 선거 공천을 받는 등 '보상'을 받는 모습도 공공연하게 이루어진다. 이들과 연루된 사건들이 흐지부지 무마된다는 의혹이 제기되기도 한다. 국회 상임위원회나 법안 심사 소위원회에서 특정 국회의원이 특정 단체나 협회, 혹은 업계 등의 이익을 강하게, 때론 지나치게 대변하는 모습도 종종 보인다. 그 결과 공정성을 높이고 문제를 해결해 사고를 방지하고, 피해를 줄여 생명을 살릴 수 있는 법안들이 좌절되거나 왜곡되는 일들도 발생한다.

세월호 참사, 지하철 구의역의 고 김 군, 태안화력발전소 고 김용균 씨, 이천 물류창고 화재 참사, 고 최숙현 선수…. 참담하고 충격적인 사건 뒤에 깊이 도사리고 있는 '정치질'의 악습을 더 이상 '관행'이라는 이름으로 방치해선 안 된다. '정치질'을 '정치'라고 호도해서도 안 된다. 박근혜 정권을 무너트린 핵심 원인이 바로 고이고 썩은 보수 정권과 정당의

'정치질'이었다. 지금의 진보 정당과 정권을 힘들게 하는 문제의 핵심도 바로 '정치질'임을 깨달아야 한다. 합리화의 유혹을 용기 있게 떨치고 공정성과 투명성을 최우선의 가치로 삼는 정치 혁신을 해야 한다. 그래야 '정치'가 더 활발하게 작동해 안타까운 생명 손상을 최대한 막을 수 있고, 더 많은 생명을 살릴 수 있다.

뉴질랜드의 국회의원과 고위 공직자는 정보보호법에 따라 시민이 요구할 경우 모든 통화기록과 문자 메시지 등 연락, 일과, 작성 문서 등을 포함한 정보를 공개해야 한다. 물론 국가안보와 외교 기밀에 관한 사항은 예외다. '정치질'이 아닌 올바른 '정치'를 위해서는 정치인들의 삶과 일상, 행적이 투명해야 한다. 민원 청취, 문제 해결, 입법 등을 위한 연락과 만남이라면 숨길 이유가 없다. 이렇게 되면 은밀한 청탁 혹은 밀실 논의, 권력 다툼, 정쟁을 위한 연락과 만남이 줄어들게 되고, 평가와 검증이 가능한 정치 일정이 늘어난다. 자연스럽게 (특별히 정당 간 이념이나 정책의 차이가 있는 사안을 제외한) 민생 입법에 대해선 같은 상임위원회 소속 다른 정당 의원들 사이에 격의 없는 토론과 협의가 가능해진다. 그러면 '함께 잘 사는 더 나은 사회를 위한 입법'이 더 활발해진다. 이것이 미국, 영국, 뉴질랜드에서 목격한 '일하는 국회'의 모습이다. 세계 10위권 경제 대국, 문화 스포츠 강국 대한민국에 걸맞은 정치 수준을 향한 변화와 발전을 기대해 본다.

'게으른 정의'를 만드는

고질적 병폐들

한국 정당이나 정치인 중에 '나(우리)는 정의롭지 않다' 혹은 '정의는 내(우리)가 추구하는 가치가 아니다'라고 주장하는 사람은 찾을 수 없다. 오히려 그 반대다. 정의를 위해 정치를 하고 정의를 위해 싸우는 '정의의 전사'로 자신을 내세운다. 그런 정치인들이 똑같은 사안에 대해 정반대의 주장을 한다. 서로 자신들의 주장이 곧 정의라고 부르짖는 것이 너무 흔한 일이라서 아예 한국 정치의 특성으로 자리 잡은 지 오래다. 심지어 비리 혐의로 수사를 받고 기소되고 유죄 판결을 받는 그 순간까지도, '진실이 밝혀지고 정의가 구현될 것'이라고 큰 소리를 치는 것이 정치인의 특수한 자격처럼 여

겨지기도 한다. 실제로 이들은 범죄 전과를 별처럼 달고 선거에 나와 다시 당선되거나 고위 정무직에 임명되기도 한다. 최근에는 700만 원에 가까운 업무추진비를 사적으로 유용하고 허위로 증빙자료를 작성해서 업무상 횡령 혐의로 검찰에 송치된 마포구의회 서종수 의원이 "선출직에서 국회의원들 포함해서 떳떳한 사람이 어디 있어요"라고 당당하게 주장해 충격을 주기도 했다. 그런 모습을 하도 자주 보다 보니 우리 사회에는 '세상에 정의는 없다', '강한 자가 주장하는 것이 정의'이고 '결과적으로 승리하는 것이 정의'라고 믿는 '정의 혐오', '정의 불신' 풍조마저 나타나고 있다.

대한민국은 상설 '정의와 공정의 전투장'

2012년 5월 아산정책연구원이 미국 하버드 대학교 마이클 샌델 교수와 함께 실시한 조사에서 우리 국민 73.8%는 우리 사회가 '공정하지 않다'고 생각하는 것으로 나타났다. 7년 뒤인 2019년 11월 발표된 한국 사회학회의 조사 결과에서도 71.3%의 응답자가 '우리 사회는 공정하지 않다'고 응답했다. 물론 빈부 격차나 교육 기회의 불공정 등 사회 구조적 원인 탓도 크지만, 불공정한 사회 구조 역시 정치의 책임으로 볼 수 있다. 또한 이것은 각 정당과 정치인들이 선거 때마다 해소하겠다고 소리 높여온 주제다. 무엇보다도 정치인들 스스로 자신이나 자녀와 관련한 불공정, 특혜 시비에 휘말리거나 서로 공격해온 것이 대한민국을 상설 '정의와 공정의 전투장'으로 만든 주요 원인이라고 할 수 있다. 그동안 이것을 지켜봐온 국민들이 사회의 정의와 공정에 대해 믿지 못하는 것은 당연한 결과다.

개인 비리를 '진영 싸움'으로 전환시키는 적폐 세력

더 심각한 문제는 정의와 공정 혹은 법적인 문제에 봉착한 정치인들이 자기편을 동원하고 선동해서 개인 문제를 '진영 싸움'으로 전환시키는 현상이다. 보수 진영에서는 전두환과 노태우라는, 두 쿠데타의 주범이자 내란음모 살인 및 권력형 뇌물 수수, 국가재산 착복 사범의 서로 다른 행보가 그들의 분수령이었던 듯하다. 과거의 잘못을 뉘우치고 재판 결과를 받아들이며 부과된 추징금을 대부분 납부한 뒤 조용하게 속죄의 시간을 보내는 노태우에게는 어떠한 정치적 영향력도 현재 없다. 하지만 뻔뻔하게도 자신의 잘못을 인정하지 않고 법원의 판결마저 무시하며 재산도 숨기고, 아직 천억 원에 가까운 추징금을 내지 않고 버티는 전두환은 그동안 수하들과 추종자들을 동원해 자신을 정치적 희생자로 포장하고 있다. 또한 이 모든 것의 원인으로 종북 좌파 음모설을 퍼트리고 '진영 싸움'을 전개해왔다. 여전히 전두환과 그 자녀들은 부와 사치를 누리며 살고 있다. 이 두 사람을 지켜보면서 많은 보수 진영 정치인들이 전두환의 방식을 채택하기 시작했다. 노태우처럼 '순진하게' 잘못을 인정하고 법적 의무를 다해봐야 누구도 알아주지 않고 고마워하지도 않으며, 명예의 회복이나 정치적 영향력도 전혀 생기지 않는다. 반면, 전두환처럼 끝까지 뻔뻔하고 후안무치하게 음모론을 주장하며 정치적 싸움을 이어가고, 개인의 비리가 아닌 '진영 싸움'으로 프레임을 바꾸면 자기 진영에서라도 지지와 추종이 뒤따른다. 더불어 이익과 영향력도 생긴다는 '사회적 학습'까지 이루어진다. 이명박, 박근혜와 그 추종자들이 벌이는 '투쟁'도 이와 가까운 예다. 정치적·역사적 아이러니는, 전두환 군사독재 세력에 의해 탄압당하고 이에 맞서 싸우면서 정치적 힘을 키우고 세를 형성한 진보 진영 역시, 이와 유사한 모습을 보인다는 것이다.

2001년 제16대 대통령 선거 전에 한나라당 이회창 후보에 대한 허위 병역비리 의혹을 제기해 큰 이익을 봤던 소위 '김대업 병풍 사건'에 관여했던 진보 정치권 인사들은 솔직한 인정과 사과 및 책임지는 태도 대신, 지리한 법정 다툼과 정치적 공방, '진영 싸움' 뒤에 완벽하게 숨었다. 문재인 민주당 정부 출범 이후 비리 범죄 혹은 불공정 의혹이 제기된 이들 역시 이와 거의 유사한 패턴을 보였다. 물론 이들 중에는 정말 '억울한' 사람도 있을 것이고, 상대방의 지나친 정치적 공격으로 침소봉대된 경우도 있을 것이다. 하지만 명확하게 옥석을 가리려는 모습, 문제가 있을 경우 조속하고 솔직하게 인정하고 사과하고 책임지는 모습은 없었다. 그저 '우리 편이면 무조건 감싸는 모습'을 보여온 것이 오히려 문제였다.

이렇게 되면 국민은 판단하기가 너무나 힘들어진다. 모두가 다 억울한 피해자고 상대편의 부당하고 지나친 공격의 희생자라고 믿기는 힘들다. 더구나 과거 민주당이 야당이었을 때, 상대방의 의혹에 대해 어떠한 기준과 잣대를 적용했는지 기억하는 다수 국민은 고개를 저을 수밖에 없다. '여나 야나, 진보나 보수나 다 똑같다'는 정치 불신에 빠진 우리 국민만 불행해질 뿐이다.

진영 싸움 뒤에 숨는 사람의 심리

한국 정치에 나타나는 독특한 현상이 있다. 정치인 개인에 대한 비리, 불법 혹은 불공정 의혹이 '진영 싸움'으로 전환되면, 거의 자동적으로 동료 정치인이나 우호적인 지식인, 지지자들이 지원 사격에 나서는 행태다. 이들은 언론을 통한 비판과 여론 형성 과정, 행정적인 조사와 수사, 기소 및 사법적 재판 등 공적인 '절차'의 정상적인 작동을 방해한다. 이 정상적인 절차에 강한 영향력을 미치려는 정치적 활동은 항상 있어왔다. 열린 민주 국가, 정치·사회적 선진국에서는 좀처럼 볼 수 없는 후진적 모습이다. 한국 정치가 적대적인 양 진영으로 나뉘어져 있는 탓도 있지만, 과거 권력에 의한 부당하고 왜곡된 행정과 사법 절차 운용 사례, 정론직필을 포기하고 목적과 방향을 이미 정한 뒤 왜곡과 선동에 나섰던 언론의 비뚤어진 모습이 기억에 강하게 남아 있는 것도 한 원인이다. 쉽게 말해서 '가만히 있으면 당한다', '우리만 순진하게 당할 순 없다'는 인식이 정치권 전반에 강하게 자리 잡고 있는 것이다. 이러한 환경과 배경을 잘 알고 있는 정치인들은 자신이 처하게 된 위기 상황에 정직하게 임하고 책임 지기보다 억울함을 호소한다. 또한 '날 도와주지 않으면 다음엔 당신이 당할 수 있다'고 주장하며 진영의 막강한 도움을 받는 것이 유리하다는 생각을 하게 된다. 잘못이 있을 경우엔 책임을 모면할 구조의 동아줄이, 잘못이 없거나 경미한 경우에도 혹시 모를 억울함을 미연에 방지할 수 있는 안전망이 눈앞에 있는 것이니 외면하기 참 힘든 유혹이다.

정치권의 이러한 인식과 태도는 그대로 일반 시민과 사회 전반에까지 확산된다. 어차피 공정하지 않은 절차, 목소리 큰 사람이나 돈과 배경을 이용하는 자에게 유리한 사회라는 인식이 퍼지게 된다. 유전무죄, 전관예우, 청탁 문화, 줄서기, 제 식구 감싸기 등 고질적인 한국 사회 병폐의 뿌리가바로 정치권인 것이다.

'진영 방패'에 덮일 걸 당연시하고 벌어지는 비리와 불법들

이런 식으로 정치인 개인에 대한 비리 의혹을 '진영 싸움'으로 전환시키고, '진영의 방패' 뒤에 숨는 정치권의 습관과 관행은 정치 불신과 사회적 병폐 확산을 유발한다. 사회를 이렇게 만드는 진영 싸움이, 정치인들과 그 세력에 어떠한 이익과 유리함을 안겨주기에 이렇게 하는 것일까? 정치인 개인, 해당 사건이 진영 싸움으로 본질을 흐리고 수사나 재판 절차 혹은 언론 보도 등 여론에 영향을 끼쳐서 이익을 보는 경우는 발생할 수 있다. 하지만 '영원히 세상 모두를 속일 수는 없다'는 말이 있듯 언젠가는 진실이 드러난다. 그리고 그 대가는 해당 진영의 후배 정치인들이 치르게 된다. 과거 독재 권력과 재벌 및 언론의 일방적인 지지를 등에 업은 보수 진영은 의혹이 제기되고 위기에 몰릴 때마다 상대를 '종북 좌파'로 몰면서 음모론을 제기했다. 그리고 그 책임에서 벗어났던 대가를 지금의 보수 정당이 치르는 중이다. 보수 진영은 국민의 지지를 회복했던 이명박, 박근혜 정권에서 또다시 '진영 방패' 뒤에 숨어 음모론을 제기하고 본질을 호도했다. 그리고 지금까지 대가를 치르고 있다. 아무리 진보 정부와 여당 내에서 무수한 의혹과 문제가 제기되어도, 보수 진영은 다수 국민에게 대안으로 인정받지 못하고 있는 것이다.

'공정'이라는 이 시대의 화두를 짊어지고 나갈 적임자로 인정받지 못하는 보수 진영이 할 수 있는 것은 그저 '진보 진영도 우리처럼 타락했고 불공정해'라고 소리 지르는 것밖에는 없다. 민주당과 문재인 정부 역시 지난 박근혜 정부 탄핵 이후 형성된 다수의 강한 지지층이라는 소중한 자산을 비리나 불법 의혹에 연루된 인사들에게 '진영 방패'를 제공하며 소모해버린다면, 앞으로 오랜 기간 후유증을 앓게 될 것이다. 분단 상황의 특수성 때문에 형성된 '보수 강세의 기울어진 운동장'은 오랫동안 유지되어왔다. 이제 겨우 형평을 잡아가는 이때에, 진보 여당이 많은 이들의 고통과 아픔의 대가로 얻은 신뢰 자산을 몇몇 인사를 지키기 위해 사용해버린다면, 그 대가는 어쩌면 오래도록 회복 못할 상처와 함께 후회로 남을지도 모른다.

문제의 본질은 '게으른 정의'다

5회 0:0 상황에서 2루 도루를 하던 주자에게 아웃이 선언되었다. 주자는 자신이 세이프라고 굳게 믿으며 강하게 '비디오 판독'을 하자고 감독에게 요구했고, 판독 결과 아웃임이 확인되었다. 팀의 소중한 비디오 판독 요구권이 허무하게 날아간 것이다. 9회 말 역전 기회 홈 승부 상황에서 명백한 오심으로 보이는 상황이 생겼지만, 이미 비디오 판독 요구권을 다 써버리고 말았으니 패배를 감수해야 했다.

　이와 유사한 상황이 정치권에서 자주 발생한다. 다만 그 양상은 훨씬 더 갈등적이기 때문에 사회혼란으로까지 이어진다. 비리 의혹을 받는 인사는 정말 자신이 억울하다고 생각할 수 있다. 그래서 의혹을 제기하는 자나 상대 정당의 음모론을 제기하고, 수사기관이나 법원에 대한 불신을 표출한다. 그러면 그를 믿는 동료 정치인들은 그를 지지하며 감싼다. 특히 그중 소위 '지킴이' '호위 무사' 혹은 '수호천사' 역할을 맡는 이들은 의혹의 당사자보다 더 강한 확신과 어조로 상대방 공격에 나선다. 진영의 지지자들은 이에 동조하며 포털과 SNS에서 전투를 벌인다. 여기서 차분하게 생각할 문제가 있다. 야구 감독이 해당 선수 말만 믿고 비디오 판독권을 사용한다면 그는 '게으른' 혹은 '무능한' 책임자일 것이다. 주관적이고 감정적일 수밖에 없는 선수 당사자보다 자체 영상 판독 기술자나 코치진과 상의한 뒤에 결정해야 정상적인 판단이다. 그래야 그 결정의 결과가 어떠하든 해당 선수 탓을 하지 않게 된다.

정치도 마찬가지다. 본인이 억울하다고 주장한다고 해서, 그 말을 그대로 믿고 지지하고 감싸며 '진영 방패'를 가동한다면 그 동료 정치인들은 게으르거나 무능력하다고 비판받아야 마땅하다. 정의감에 불타는 지지자들은 자기 진영의 정치 지도자나 주요 정치인 혹은 '스피커' 역할을 하는 오피

니언 리더들이 부당한 '정치적 공격', '음모'라고 주장하면 이를 믿고 행동에 나선다. 프로야구 팀의 감독 코치진처럼 자체 검증 시스템을 통해 사실 확인 절차를 거쳤고, 그렇게 그들이 확신에 도달했을 거라고 가정하기 때문이다. 하지만 이미 박근혜·최순실 국정농단 사건에서 입증되었듯이 최고의 정보력과 전문 인력을 보유한 정부와 집권 여당조차 어떠한 엄밀한 검증도 없이 '당사자 말만 믿고' 진영 방패를 가동하는 경우가 꽤 있다.

게으른 정의 VS 성실한 정의

대한민국 정치를 내로남불, 극단적인 정쟁의 늪에 깊게 빠지게 만드는 '게으른 정의'를 먼저 버린 정치인과 정당만이 더 오래 살아남고 궁극적인 승리를 거둘 것이다. 한국 정치는 이 '게으른 정의'를 탈피해야만 정상화될 수 있다.

'게으른 정의'에 냉소하며 '게으른 위악'의 길을 걷는 사람들을 보면 너무나 안타깝다. 이들은 무조건 자기편이나 진영만 옹호하는 내로남불 행태에 염증을 느끼고 이에 반대하면서 무조건 반대와 조롱만 하는 사람들이다. 소위 '국뽕'이 싫다고 우리나라의 모든 것을 비하하는 태도와 유사하다. '게으른 정의'와 '게으른 위악'에 빠지면 적 혹은 상대방으로 규정한 사람의 말이나 행동은 무조건 잘못되었다고 믿고 싶어진다. 반대로 우리 편이나 자신과 유사한 성향으로 규정한 사람의 언행은 무조건 옳다고 믿고 싶은 심리가 생겨 이에 부합하는 사례들만 눈에 들어오는 '확증편향'을 갖기 쉽다. 그렇게 되면 상대방은 점점 더 싫어지고 혐오감정이 생긴다. 우리 편은 점점 더 좋아지고 과신, 맹신하게 된다. 이 양극단의 함정에 빠지지 않으면서 올바른 시민 의식을 발휘하기 위해서는 불편함과 귀찮음을 감수해야 한다. 그래야 '성실한 정의'의 태도를 유지할 수 있다. 우리 편이냐 아니냐 혹은 우리 편에 유리하냐 불리하냐를 볼 것이 아니라 근거가 있는지, 사실인지, 옳은지 그른지를 따지고 그에 따라 자신의 의견과 견해를 정한 뒤 언행하는 것이 '성실한 정의'에 부합하는 태도다. 또한 지극히 당연한 말이지만, 우리 편이라 하더라도 불합리하거나 잘못된 언행을 할 때는 비판적 견해를 유지해야 한다. 집단 소속이라 해도 옳은 이야기를 할 때는 귀담아 듣는 것은 물론이다.

　처음에는 불편하고 귀찮게 느껴지지만, 익숙해지면 깊고 굳건한 자신감과 만족감을 주는 '성실한 정의'의 태도를 보다 많은 시민이 가져야 한다. 그래야 '우리 편'을 강조하며 선동적인 언행을 앞세워 국가와 사회 공동체를 분열과 갈등, 혼란으로 몰아넣고 자신의 이익을 챙기는 저급한 정치꾼들이 설 자리를 잃을 것이다. 반면 진영논리나 진영의 방패가 아닌 진심과 진실, 공정의 원칙에 따라 성실하게 일하는 정치인들의 자리가 넓어지게 될 것이다. 이때 우리는 비로소 국가와 국민을 위해 경쟁하고 협력하며, 비리·부패·불공정한 정치인과 그 행태를 적발해 제거할 수 있을 것이다. 또한 그래야만 토론과 협의로 법과 정책을 만들어나가는 제대로 된 정치의 성과를 누릴 수 있게 될 것이다.

나라 망신시키는
'정치적 외교관',

이제 그만

뉴질랜드 언론이 대서특필하고 제신다 아덴 수상이 우리 대
통령과의 정상 통화에서 언급하면서 톡톡히 나라 망신을 시
킨 '고위 외교관 성추행 혐의 사건'으로 인해 대한민국 국민
의 자부심이 크게 손상됐다. 우리 외교부가 아시아 국가 총
영사로 근무 중인 해당 외교관을 본국 송환 조치하고, 다른
한편으론 정식 형사공조 절차가 아닌 언론을 통한 여론전
방식을 취한 것에 대해 뉴질랜드 정부에 문제 제기를 하면
서 파장은 일단 가라앉은 상태다. 그런데 진짜 문제는 이번
사건의 진실과 향후 처리를 넘어선 구조적 비정상성에 있다.
우선 외교관 성범죄로 인한 나라 망신 사건이 연이어 발생

하고 있는데도 불구하고 외교부를 포함한 우리 정부는 제대로 된 대처와 재발 방지 조치를 전혀 못하고 있다.

2016년, 칠레 주재 우리나라 고위 외교관의 미성년자 성추행 장면이 현지 방송의 몰래카메라에 적나라하게 포착되어, 칠레 언론의 헤드라인을 대대적으로 장식한 사건이 있었다. 2017년엔 에티오피아 대사가 직원 세 명을 상대로 성폭행과 성추행을 했다는 의혹이, 한 달 뒤엔 러시아 문화원장이 현지 대학생을 성추행한 사건이, 그 후엔 주 파키스탄 대사관에 근무하는 고위 외교관이 대사관 여직원을 자신의 집으로 불러 술을 권하고 강제로 신체 접촉한 사건이 발생했다. 그러자 당시 외교부 장관이었던 강경화 전 장관이 직접 나서서 외교관 성범죄에 대한 '무관용 원칙'을 천명하고, 모든 해외 공관에 대한 점검과 외교관들에 대한 교육을 철저히 실시하겠다고 발표했다. 하지만 장관의 이런 공언이 무색하게, 유사한 사건들이 연이어 터졌다. 2019년 7월, 일본 주재 총영사가 부하 여직원을 성추행한 혐의로 귀국해 경찰 조사를 받고 혐의 일부를 인정했고, 이번 뉴질랜드 사건까지 불거졌다. 강 전 장관은 '무관용 원칙'에 따라 엄정하게 사건을 처리하고 피해자 보호를 강화해 신고가 늘어난 측면이 있다고 밝혔다. 고위 외교관의 성범죄 문제가 최근 늘어난 것이 아니라 오랜 기간 지속되었지만, 최근에서야 그 문제가 수면으로 드러나고 있다는 뜻으로 해석할 수 있다.

외교 참사의 원인은 정치다

외교는 한 나라의 얼굴이며 외교관은 국가와 국민의 이익을 지키는 첨병이다. 실제로 대부분의 외교관들이 사명감과 전문성, 애국심으로 무장하고 고국을 떠나 낯선 타국 땅에서 고군분투하고 있다. 소말리아 해적에게 납치된 선원들을 구출하기 위한 외교관들의 고군분투, 화산 등 재해나 내전 혹은 코로나19 등 위기가 발생한 나라에서 전세기로 교민과 여행객의 조기 귀국을 성사시킨 외교 성과, 한·미 한·중, 한·일 관계 등 치열한 국제 외교 무대에서 국익을 수호해내는 외교 전쟁, 북한 핵 위기를 안전하게 관리하고 평화를 향한 돌파구를 찾아내는 치밀한 전략 등 그 성과는 이루 말할 수

없을 정도다. 그런데 늘 문제는 '일부 고위 외교관'들이 일으
킨다. 최근 이어진 성범죄 연루자들도 모두 대사 총영사 등
'고위 외교관'들이다. 물론 고위 외교관들 대다수는 스스로
모범을 보이며 경륜과 전문성, 리더십을 발휘해 큰 외교적
성과를 올리거나 위기에 빠진 재외 국민 혹은 기업의 돌파
구를 마련해주어, 소속 직원들이나 현지 관계자들로부터 존
경과 칭송을 받는다. 문제는 정치에 줄을 대고 정치의 영향
을 받는 일부 고위 외교관들이다.

　　4년간 국회의원으로 의정 활동을 하면서 교민들의 제
보와 민원 등을 통해 파악한 '정치적 외교관'들의 문제는 크
게 두 가지 차원에서 발생한다. 첫째, 전문성이나 주재국과
의 관련 성과와 상관없이 '정치적, 정무적 인사로 부임한 낙
하산 외교관'의 경우다. 이들은 애초 주어진 임무와 책임에
무관심하다. 국민과 언론, 수사와 사법기관으로부터 멀리 떨
어져 면책특권을 누리는 혜택과 권한에만 관심이 있다. 이
런 특권 의식은 부하 직원이나 인턴 등 자신의 인사권 내에
있는 사람들을 '머슴'이나 하녀' 쯤으로 인식하게 만든다. 또
한 자신이 영향력을 행사할 수 있는 교민 사회 내 이해 관계

자들과의 유흥과 오락에 탐닉하게 한다. 이런 도덕적 해이와 윤리적 불감증이 통제 범위를 넘어설 때 성범죄, 음주운전, 부패 등으로 인한 '외교 참사'가 발생한다.

두 번째 문제는 이들의 관심이 본연의 업무가 아니라 국내 정치 및 유력 인사들과의 교분에 있을 때 발생한다. 주재국 정부나 의회 관계자와의 업무 협력, 교분, 교민들의 안전이나 이해와 관련된 중요 사안이 있을 때나, 유학생, 여행객에게 사건 사고가 있을 때 보호와 지원을 하기보다, 국회의원이나 정부 고위 관료, 각계 유력 인사에 대한 영접과 안내 등 소위 '의전'에 집중하는 이들이 있다. 이 경우 업무와 직원 관리 전반에 문제가 발생한다. 2019년 5월 주미 대사관 외교관이 (당시 자유한국당) 강효상 의원에게 '한·미 정상 통화 기밀'을 유출한 사건도 외교관의 본분보다 유력 정치인과의 관계를 중시한 결과라고 볼 수 있다. 국내 정치인들에게 줄을 대는 고위 외교관들의 경우 자신들의 비리나 부패가 '운 좋게' 슬쩍 아무 문제없이 넘어갈 경우, 유력인사들에게 융숭한 접대를 하고, 그 대가로 더 좋은 자리로의 영전이나 승진을 거머쥐기도 한다. 이렇게 되면 임무에 충실한 다른 동급 외교관들은 좌절감과 절망감을 느낀다. 이들을 지켜 보는 수많은 외교관들과 외교 공관 직원들, 교민과 현지 외국 정부 관계자들이 갖게 되는 인식은 결국 대한민국 국격의 일부가 된다.

'밖에서도 새는 바가지', 얼굴 붉히게 하는 국회의원들

그런가 하면 국제적 기준은커녕 국민적 상식 수준에도 미치지 못하는 국회의원 자치단체장, 지방의원들이 외국에 나가 제대로 나라 망신시키는 일들도 종종 발생한다. 국민 세금으로 국제 교류 업무 혹은 시찰을 간다면서 외교공관에 그 나라 정부 부처나 국가기관, 지방 정부에 방문과 회의 약속을 잡아달라고 하고 나타나지 않는 결례를 범하는 경우, 아예 대놓고 관광과 골프로 가득 찬 외유를 다녀온 사례는 많이 알려져 있다. 심지어 그 과정에서 관광 가이드를 폭행한 예천군 의회 사건은 국민적 분노를 일으켰다. 이러한 부끄러운 외유 관행은 한국 내에서의 문제로 끝나지 않는다.

20대 국회의원 활동을 하면서 접한 국내 체류 외교관과 해외 교민 및 외국 정부 공무원들의 제보에 따르면, 호주 정부에서 한·호 우호 협력 사업으로 시행하던 대한민국 국회의원 호주 초청 프로그램이 19대 국회에서 중단되었다. 그 이유 중 하나가 초청된 한국 국회의원들이 호주 정부가 마련한 정부 및 의회 방문, 세미나 등의 일정을 거부하고 관광 일정을 요구했기 때문이라고 한다. 외국 공무원에게서 그 이야기를 듣는 순간 쥐구멍을 찾고 싶었다. 해당 (19대) 국회의원들이 누군지 알아내서 얼굴에 찬물을 끼얹어주고 싶었다.

　　이런 일도 있었다. 20대 국회의원으로 당선된 직후였는데, 유럽에서 관광가이드로 일하는 익명의 한 여성 교민이 도움을 요청해왔다. 한국의 어떤 도시 자치단체장과 산하 체육협회 임원들을 가이드하다가 심한 모욕과 성희롱을 당했다는 것이었다. 구체적인 피해 사실을 파악한 뒤 어떤 조치를 원하는지 묻고 피해자가 신뢰하는 방송사 기자를 연결해주었다. 그리고 사정기관에도 기본적인 피해 사실과 민원 내용을 전달했다. 그러자 어디에서 어떻게 전달받았는지 유럽 현지에서 해당 자치단체장이 180도 태도를 바꿔 피해자인 가이

드에게 사과하고, 모욕 및 성희롱 발언을 한 동행 인사도 사죄했다고 한다. 피해자는 '국가를 위해' 용서하겠다면서 보도와 징계 요구를 철회했다.

4년간의 의정 생활 동안 권력과 권한, 특혜를 누리는 정치인들보다 국가로부터 어떤 도움도 받지 않고 스스로의 힘과 노력으로 하루하루 성실하게 살아가는 일반 국민들의 애국심이 더 강한 경우를 많이 봤다. 국민을 위해, 국가를 위해 사심 없이 일할 것이라 믿고 크고 많은 권한과 혜택을 건네받은 정치인들과 고위 외교관들이 오히려 자신들의 사적인 이익이나 쾌락을 위해 엉뚱한 짓을 하다가 나라 망신을 시키고 있다. 고위 외교관들이 일반 국민에게 갑질을 하고 범죄 행위를 하는 행태를 접할 때면 억장이 무너진다.

**외교관의 품격과 깨끗한 해외 공무 출장은
선진국의 '기본'이다**

외교관도 사람이다. 잘못을 저지를 수도 있고 범죄를 행할 수도 있다. 문제는 이것을 어떻게 처리하고 재발 방지를 위해 어떤 노력을 행하느냐에 있을 것이다. 자신이 주재했던 외국 국가원수를 모욕하는 막말을 아무렇지도 않게 내뱉는 일본이나 밀수와 위조지폐 등의 범죄 행동까지 하는 북한, 기타 음주운전이나 성매매 등 물의를 야기하는 외교관들에 대해 별다른 조치를 취하지 않는 나라를 결코 선진국이라 할 수 없을 것이다. 정치인이나 고위 관료의 해외 출장 역시 마찬가지다.

국회의원 재임기간 중 만났던 여러 나라 국회의원들의 일정과 행태는 그대로 그 나라의 수준을 보여줬다. 유럽과 호주, 뉴질랜드 캐나다 등 소위 선진국 국회의원들의 일정은 기관 방문과 회의, 공식 면담과 세미나 등으로 꽉 차 있었다. 주말과 휴일 개별 일정은 철저하게 개인 사비로 집행했다. 아무리 소액이라도 개인 일정을 공적인 출장비로 집행할 경우, 사후에 바로잡지 않으면 자신의 직위를 잃을 수도 있다며 긴장하고 조심하는 모습을 보여줬다. 이들은 식당 종업원이나 의원 보좌진, 국회 청소노동자나 경비원, 누구를 만나든지 상대를 존중하고 예의를 갖추었다. 반면에 국회 방문이나 세미나는 의례적으로 짧게 마치고 관광이나 쇼핑에 많은 시간을 할애하는 외국 국회의원이나 고위 관료들은 실무자나 노동자들에게 존중과 배려의 태도를 보이지 않는 경우가 많았다. 공적인 일정과 사적인 일정의 구분도 명확하지 않았다. 우리나라 국회의원 등 정치인이나 공무원들의 언행을 우리 국민만 감시하는 것이 아니다. 해외 출장 시에는 해당 국가 정치인과 공무원, 국민들이 당연히 그들을 세밀하고 찬찬히 살펴보고 평가한다. 그리고 이러한 평가는 우리 교민이나 유학생, 여행자 등을 대하는 그들의 태도나 정책에 영향을 줄 것이다.

불법과 일탈 전에 목격된 심상찮은 '전조 증상'들

나라 망신을 시키고 국민을 힘 빠지게 하는 고위 외교관의 성범죄 등 불법과 일탈에는 전조증상이 반드시 있다. 해당 공관 직원들과 교민, 그리고 주재국 협력 대상자 카운터파트는 '저 사람 저러다 큰일 내지' 하는 우려를 하고 있던 경우가 대다수다. 업무에 소홀하고, 하급자에게 함부로 대하는 일들이 계속된다. 성인지 감수성이 낮아 언행이 위험 수위를 넘나들고, 음주와 유흥이 잦은 경우들도 그렇다. 이들이 유력자와 어떤 관계에 있건, 어떤 정치인과 친분관계에 있건 국익을 저해하고 국민에게 이롭지 못한 언행을 계속한다면, 나라 망신을 시키기 전에 적절하고 실효성 있는 조치를 취해야 한다.

정치인들의 해외 출장 역시 더 엄격하게 통제해야 한다. 일부에선 코로나19로 인해 정치인들의 외유가 원천 봉쇄되어 (나라 망신시킬 일이 없으니) 다행이라는 자조적인 이야기도 나온다. 이번 코로나19 상황을 활용해 정부부처와 국가기관, 공기업, 국회와 지방자치단체, 지방 의회에 매년 편성되는 국제협력이나 해외 시찰, 연수 예산의 집행과 통제, 감사 방법과 시스템의 전면적 재점검이 필요하다. 꼭 해외 연수가 필요한 경우라면 엄격한 통제 아래 국가와 국민의 이익을 위한 성과로 이어지도록 집행해야 한다. 하지만 불필요한 외유라면 반드시 차단해야 한다. 꼭 필요한 출장의 경우에도 그들이 해외에서 지켜야 할 수칙과 예절이 몸에 배

도록 반드시 사전 교육과 훈련을 철저히 하고, 사후 점검과
통제를 해야 한다. 더 이상 정치와 외교가 나라 망신시키는
일은 없어야 한다.

스타성 차출과
반짝 이용이 아닌

'육성형 청년 정치'의 시작

이번 21대 국회는 20대 국회보다 평균 나이가 0.6세 낮아진 54.9세, 그리고 불과 세 명에 머물던 20~30대 의원 수도 13명으로 전체의 4%를 차지하게 되었다. 게다가 거대 양당인 민주당과 국민의 힘 모두, 청년 한 명씩을 당 최고 의결기구인 최고위원회와 비상대책위원회 위원으로 임명했다. 청년 대표가 청년의 눈높이에서 청년과 소통하며 청년 문제에 대한 해답을 찾아 제시하는 '청년 정치'를 해나가겠다는 의지의 표현이라고 볼 수 있다. 기대와 우려가 교차하고 있다. 기대하는 측에서는 그동안 청년을 정치와 정책의 '대상'으로만 보고 지지와 표를 얻기 위한 일방통행을 일삼던 정치권에 변화가 시작되었다고 본다. 반면 우려하는 측은 청년 정치의 기반 마련 노력이나 청년들 스스로 대표를 선출하는 과정 없이, 기득권 정치 집단이 자신들의 입맛에 맞는 청년 개인 몇 명을 고르고 선택한 결과이니 변화는 극히 제한될 거라 는 입장이다. 특히 더불어민주당의 대학생 청년 최고위원인 박성민 최고위원은 고 박원순 시장의 성폭력 의혹 사건에서 당과 당 대표의 미온적인 태도를 비판하는 등 수시로 여성 과 청년을 대표하는 목소리를 내고 있다. 이에 대한 사회적 기대와 당내 적극 지지층의 강한 비판을 함께 받고 있다. 그 의 미래 행보와 당내에서의 입지는 더불어민주당 청년 정치 의 리트머스 시험지가 될 것이다.

아울러 정의당 류호정 의원의 거침없는 발언과 행보에 대한 국회와 정치권의 반응도 역시 관심의 대상이다. 그를 불편한 시선으로 바라보며 옷차림 등 정치 역량과 상관없는 문제로 대상화하고 폄하하는 시선과 태도가 언제까지 계속 될지, 류호정 의원은 이에 어떻게 대응하며, 보좌진에 대한 무리한 갑질 해고 논란 등을 극복하고 청년 정치의 가치를 어떻게 입증해낼지는, 한국 정치의 미래를 가늠해볼 시금석이 될 수 있다. 그 외에도 오영환(32세, 더불어민주당), 전용기(28세, 더불어시민당), 용혜인(30세, 더불어시민당), 장혜영(33세, 정의당) 등 청년기본법상 청년 연령인 34세 이하 국회의원들의 역할과 발전 역시 주목할 일이다.

세계 정치를 주도하는 청년들

2015년 11월, 캐나다에서는 43세의 자유당 대표 쥐스탱 트뤼도가 총리로 취임했고, 2017년 5월, 프랑스에선 중도 성향의 정당인 앙 마르슈 대표인 39세 청년 에마뉘엘 마크롱이 대통령으로 당선되었다. 그해 10월에는 뉴질랜드에서 37세의 여성 제신다 아던 노동당 대표가 총리로 취임했다. 오스트리아 쿠르츠 총리는 31세, 아일랜드 버라드커 총리는 38세, 아이슬란드 야콥스도티르 총리와 그리스 치프라스 총리는 41세, 벨기에 미쉘 총리는 39세에 취임했다. 바야흐로 전 세계적인 '청년 정치 지도자 시대'가 열렸다고 해도 과언이 아니다. 대통령이나 총리 등 국가지도자뿐 아니라 장관과 국회의원 중에도 청년의 비율과 비중이 높아졌다. 프랑스 의회의 경우 전체 577명의 의원 중 20~30대 청년 의원이 146명으로 1/4인 25%를 상회한다.

물론 이들 나라에서도 경륜이 부족한 청년 정치 지도자에 대한 우려와 반대의 목소리가 높았다. 그 높은 벽을 허물고 편견을 해소한 것은 오랫동안 다져진 청년 정치의 깊은 내공과, 현실을 직시하고 미래를 향한 도전을 감행한 정당들의 용기였다. 여기에 더해 기존 기득권 정치인들의 구태에 염증을 느낀 유권자들의 적극적인 정치 참여도 큰 공헌을 했다. 정보화, 디지털화, 온라인화를 거쳐 이제 모바일 시대다. 지난 수십 년간 진행된 눈부시고 숨 막힐 정도로 빠른 기술 혁신은 경제는 물론 문화와 교육 등 생활 전반의 급속하고 근본적인 변화를 야기했다. 모두 기존의 관행과 인습, 전통적인 사고 틀에서 탈피한 청년들이 주도했기에 가능한 변화였다. 유독 연로한 기득권 권력자들과 그의 동년배 동료들이 장악·지배하고 있는 정치계만 그 빠른 발걸음을 따라잡지 못했다. 그로 인해 입법과 정책, 관행이 기술과 문화, 경제와 교육의 발목을 잡고 방해하고 있다는 것이 시민 일반의 인식이다.

물론 청년의 과감한 도전에는 위험이 뒤따른다. 장년과 노년의 경험과 지혜가 견제와 균형 역할을 해줘야 안전하다. 하지만 다른 영역과 달리 정치에 있어서는, 기성세대가 아예 청년의 자리와 역할을 막고 봉쇄해 도전과 창의의 힘이 태동도 못하고 있었다는 비판과 분석이 있었다. 이런 인식이 세계적인 청년 정치 유행의 배경이라고 볼 수 있다.

조폭의 '관할 구역'을 닮은 한국 지역 정치 조직

우리나라에서도 청년 정치의 필요성은 줄곧 주창되어왔다. 1970년대 김영삼, 김대중 두 젊은 지도자의 '40대 기수론'이 대표적이다. 그보다 먼저 우리 정치의 출발점인 제헌의회 국회의원의 평균연령은 47세였고, 이후 1980년대까지 40대를 유지했다. 그런데 20대 국회 국회의원 평균연령은 55.5세로, 1980년대 이후 지속적인 '고령화 현상'을 보여왔다. 20대 국회에서 20~30대 의원의 수는 고작 세 명에 불과했다. 세계와 거꾸로 가고 있는 형국이다. 그 이면에는 한 번 기득권을 잡으면 이를 결코 놓지 않으려는 직업 정치인들의 높은 진입장벽이 도사리고 있다.

한국 정치에서 각 지역은 마치 옛 조폭의 관할 구역을 연상케 한다. 각 지역의 돈과 영향력이 양쪽으로 나뉘어 거대 정당의 지역 조직을 구성하는 것이다. 여기에 시민들의 순수한 공동체여야 할 체육회, 동창회, 부녀회, 각 지역 연합회 등 민간단체들마저 느슨하게 양측에 연결되어 선거 때마다 협상력을 발휘한다. 심지어 일부 지역 언론마저 독립적 · 객관적인 비판자가 아닌 지역 정치의 일부로 편입되는 일도 발생한다. 그렇게 만들어진 연결고리는 지역 공약과 예산 확보 및 배정, 공직 인사와 각종 민원에 유 · 무형, 직 · 간접적으로 작용된다. 그 거대한 집단적 이익 연결체와 그 우두머리에게 도전하는 청년은 눈을 씻고 찾아봐도 찾을 수 없다. 오히려 정치에 뜻을 둔 청년들이 아예 그 기득권 집합체의 하부로 들어간다. 그 뒤 순종과 충성을 다짐하며 기득권 선배 정치인의 모습을 적극적으로 닮아가는 경우가 많다. 그 결과는 국민의 정치 불신을 불러올 함량 미달 공직 후보자들(전과가 있는 후보)과 불법 정치자금, 불법 선거 운동, 서로 구린 것이 많은 정치인과 집단 간 상호 폭로와 비방, 고소, 고발 등이다.

문제가 너무 크고 심각해 선거에서 참패하거나 지지율이 폭락하면 정당들은 소위 '물갈이'와 '인재 영입'을 반복한다. 인위적이며 상명하달식의 '외부 수혈' 혹은 '돌려막기'를 하다 보니 지역에선 '낙하산 공천 반발'이 반복된다. 기존 정치 문화와 관행에 익숙하지 않은 외부 영입 인사들 역시 상처와 오점을 남기고 떠나거나, 빠르게 기존 정치인의 모습을 닮아가는 양자택일의 선택을 강요받는다. 청년 정치인의 경우에는 본격적인 정치 무대인 '지역'이 아닌 '전국구' 비례 대표나 당의 직책으로 영입되는 경우가 많다. 정당과 기득권 정치인들이 자기반성과 희생을 통한 과감하고 근본적인 변혁을 시도하기보다 그 순간만을 모면하려는 의도로 '물갈이'와 '인재 영입'이라는 수단을 사용했기 때문이다. 그 과정에서 몇몇 개인 청년들이 소비되어온 형태가 우리의 청년 정치이다.

스포츠 인재 육성 시스템을 벤치마킹해야 한다

얼마 전에는 K-POP(한국 가요) 오디션, 최근에는 소위 '트로트(전통가요) 오디션 프로그램 열풍'이 불어 거대 정당 지도부들이 프로그램 제작진을 찾아가 경연 방식을 배우는 웃지 못할 촌극까지 벌어졌다. 여전히 근본적인 변혁이 아닌 순간의 유행을 쫓아 반짝 인기를 얻어보겠다는 얄팍한 발상들이다. 오히려 한국 정당들이 배우고 벤치마킹해야 할 것은 축구와 야구 등 프로스포츠계에서 오래전부터 연구와 실험, 해외 벤치마킹 등을 하며 도입해 성공적인 진화를 거듭하고 있는 스포츠 인재 육성 시스템이다.

각 구단들은 초등학교부터 고등학교 단계까지 자체 유소년 및 청소년 팀을 운영하며 인재를 키운다. 그리고 훈련받은 스카우터들이 초등부와 중·고등부 주말 리그 경기장을 찾아 각 학교와 사설 클럽 팀에서 두각을 나타내는 어린 선수들을 관찰한 뒤, 자체 유소년 팀으로 스카우트한다. 이런 체계적인 '인재 농장(farm)식 육성 시스템'이 큰 성과를 거두고 있다. 육성 과정을 거쳐 프로 계약을 맺는 순간, 나이와 경력보다는 '실력' 위주로 출전하고 평가받는다. 여기에 더해 신체조건이나 기량이 뛰어난 외국인 선수들이 영입되어 함께 경쟁하면서 전체적인 수준이 향상되고 있다.

앞서 살펴본 '청년 정치 선진국'들의 경우도 유사하다. 뉴질랜드 총리 제신다 아던은 경찰관인 부친과 학교 급식노동자 모친 사이에서 태어나 평범한 공립학교를 거쳐 뉴질랜드 내에서도 잘 알려지지 않은 지방 대학 와이카토 대학교를 졸업한 아주 평범한 청년이었다. 아던은 고등학생인 17세 때 노동당에 입당해서 청년당원으로 활동, 국회의원 선거 운동원 등을 하면서 정치를 배웠다. 대학 재학 중에도 청년 당원으로서 학내 활동은 물론 기성 정치에 대한 비판 등 당내 정치 활동을 활발히 했다. 졸업 후에는 정치적 식견을 넓히기 위해 미국 뉴욕, 영국 런던, 중동의 이스라엘과 요르단, 아프리카의 알제리는 물론 아시아의 중국과 한국 등을 방문해 청년 정치인들을 만나고 진보단체 활동과 기간제 노동을 하는 경험을 쌓았다. 이러한 노력 끝에 그는 2008년 '국제 사회주의 청년 연맹' 회장으로 당선된다. 같은 해에 28세의 청년 국회의원으로 당선되어 신선한 바람을 불러일으킨다. 청소년 시절부터 길러지고 연마된 아덴의 '정치 실력'은 국제적인 감각과 진취적인 도전 정신과 만나 노동당의 차세대 지도자로 급속히 부상하는 힘이 되었다. 사회의 가장 어렵고 힘든 이들부터 가장 높고 많이 가진 사람들에게 이르기까지 진심으로 공감하고 원활하게 소통할 수 있는 능력, 모든 영역, 모든 이슈에 대해 늘 연구하고 전문가에게 조언을 청하며 합리적인 결정을 내리는 태도를 갖춘 아덴은 대중적 지지는 물론 당내의 신뢰 역시 확보해나갔다.

2017년 3월, 37세의 나이로 당부대표에 선출된 아덴은 5개월 뒤 앤드류 리틀 당대표가 24%라는 사상 최저 지지율에 대해 책임을 지고 사임하자 당 대표 자리를 물려받는다. 37세의 여성 제신다 아덴이 당 대표를 맡자마자 노동당 지지율은 43%로 치솟았다. 10여 년 만에 처음으로 보수 '국민당' 지지율을 앞지른 것이다. 이후 치러진 총선에서 2008년 이후 최대 의석을 확보해 원내 제2당이 된 노동당은 아덴의 정치력을 앞세워 진보 녹색당 및 극우 뉴질랜드 제일당과 연합을 이뤄낸다. 총선에서 가장 많은 의석을 차지한 보수 '국민당'을 야당으로 밀어내고 연립정부를 구성해낸 것이다.

낡은 정치 문법과 기득권의 정치 관행에 사로잡혀 있던 기존 노동당 지도부는 상상조차 하지 못했던 대변혁이었다.

　　나라에 따라 다소 차이는 있지만, 캐나다의 트뤼도, 프랑스의 마크롱 등 청년 정치지도자의 혁신과 성취 역시 유사한 배경과 과정을 공유한다. 이 나라들에는 어린 시절부터 정치 꿈나무들이 기존의 관습과 위계질서에 얽매이지 않고 마음껏 토론하고 협의하고 의사를 표현하는 시스템이 마련되어 있다. 일선 현장 경험을 하면서 정치 역량을 키우고 능력을 검증받는 '청년 정치 육성 시스템'이 갖춰져 있는 것이다. 이러한 육성을 거친 청년들은 선출직이나 임명직 등에 입후보하거나 진출하면서 프로 정치인으로 데뷔한다. 그 순간 이들에겐 기존 정치인과 동등한 기회와 자격이 부여된다. 오직 '실력'만으로 평가받는 공정하고 투명한 프로 정치 시스템이 가동되는 것이다.

성공한 스타 청년 한두 명 있는 게 '청년 정치'는 아니다

다른 어떤 나라보다 많은 돈을 정당에게 보조금으로 나눠주는 대한민국, 정치에 대한 국민들의 높은 관심, 문화와 예술, 스포츠, 기술 등 각 분야에서 세계 최고 수준에 올라선 우리 청년들의 역량과 잠재력, 교육과 취업 기회의 부족 및 주거와 교통 약자로 내몰리는 청년들의 불만 등 '청년 정치의 환경 요인'은 차고 넘칠 정도로 무르익었다. 이제 각 정당과 기성 정치인들의 각성과 현실을 직시하는 용기만 있으면 된다. 상식적이고 합리적인 '청년 정치 육성 시스템'을 갖추려는 실질적 노력, 그리고 공정하고 투명한 당내 선거 시스템 구축, 청년 입후보를 어렵게 만드는 각종 공직선거의 진입장벽 제거를 실천하면 된다. 그렇게 해서 청년 정치가 태동하고 살아 숨 쉬면 정치와 공직이 보다 투명하고 공정해질 것이다. 그래야 비로소 경륜 있는 고령의 기성 정치인들도 기득권이 아닌 자신의 실력과 역량, 효용가치로 인해 제 역할을 제대로 수행할 수 있게 된다. 또 그래야만 대한민국의 고질적인 정치 불신이 해소되고, 사회 문제해결 능력을 갖춘 정치의 순기능이 살아날 것이다.

　구체적으로는 또 어떤 것들이 필요할까? 우선 각 정당은 각종 지원과 가점 등의 대상이 되는 청년의 나이를 최근에 제정된 청년기본법에 따라 당헌에 규정해야 한다. 청년기본법은 청년을 19세~34세로 명시했다. 그런데 대부분의 기성 정당은 청년의 나이를 40대, 심지어 45세까지로 늘려 규정하고 있다. 그러다 보니 주요 정당 지역위원회나 당협위원회 등에는 대개 재력과 지역 기반을 갖춘 40대 중반이 청년위원장을 맡고, 그를 중심으로 한 청년위원회가 지역 국회의원이나 위원장의 심복 역할을 한다. 20대 '청년'들을 위한 명칭과 조직은 '대학생위원회'이다. 대학생이 아닌 20대 청년들은 배제되는 것이다. 기존 정치인들은 중앙당 간부급으로 20~30대 청년 한두 명을 앉히고 성공한 스타 청년에게 국회의원 자리 한두 개 주는 것을 청년 정치라고 주장한다. 대한민국 정당들은 이런 짓을 통해 오히려 청년 정치를 망치고 있다. 아예 청년 정치가 싹틀 토양 자체를 막고 덮고 무너트리고 있는 것이다.

기성 정치의 '식민지'를 넘어선 청년 정치가 되려면

청년들이 청년들의 인식과 태도로, 청년의 문제와 청년의 시선으로 바라본 사회 문제 해결을 위해 기탄없이 토론하고 주장하고 외치고 요구하는 것이 청년 정치다. 그들이 모여서 힘을 키우며 자신들의 대표를 직접 선출해 정치무대에 자신들의 대변자를 두는 것이 청년 정치다. 그 청년 대변자가 기성 정치인으로 성장하는 것은 청년 정치가 정상화되면 자연스럽게 따라올 결과다. 지금처럼 기성 정치권력이 청년들 중 자신의 취향에 맞는 개인을 골라서 특혜성 자리를 마련해주는 방법과는 정반대다. 지금 상황이 '기성 정치의 식민지'로서의 청년 정치라면, 정상적인 청년 정치는 국가와 정당의 지원을 받지만 간섭은 받지 않는 '독립된 청년 정치'라고 할 수 있다.

청년 정치에 대한 기본 개념과 철학, 인식만 제대로 갖춘다면 그 방법과 수단은 무궁무진할 것이다. 기본이 잘못된 상태에서 그럴 듯해 보이는 일회성 행사나 이벤트만 반복되고 있으니 우리나라의 청년 정치가 살아나질 않고 있다. 50

대 이상의 남성이라는 동일 집단 대다수가 모여 똑같은 권력다툼, 이권투쟁만 반복하는 한국 정치의 현실 타개를 진정으로 바란다면, 청년 정치 정상화부터 시작해야 한다. 한국 청년 정치의 본격적인 시작을 간절한 마음으로 기원한다.

정치, 순수하지만
순진하지는 않게

이 책의 마지막 글을 정치인들과 예비 정치인들에게 드리고 싶다. 우리 모두가 너무 잘 알고 있듯 정치는 가장 중요하고 대표적인 '공론의 장'이다. 모든 인간이 보다 행복하고 자유롭고 평화로우며 평등하게 잘 사는 세상을 만들자는 공동의 꿈을 실현하는 의지와 노력의 집합체다. 그런데 그 '정치'가 비난과 멸시와 조롱과 원망과 불신의 대상이 되고 있다. '언제는 안 그랬고, 안 그런 나라가 있느냐, 정치는 원래 그런 것이다'라고 반론을 제기할 정치인도 분명히 있을 것이다. 하지만 우리와 경제·사회·문화 수준이 유사한 다른 나라에 비해 그 문제가 심각한 것은 분명하고, 정치로 인한 사회 분열과 갈등의 정도는 결코 용납할 상황이 아님이 자명하다. 게다가 많은 희생을 감수하며 적극적인 참여를 통해 독재 권력을 몰아내고, 권력형 부패를 타파해서 민주주의와 정상 정치의 환경과 토양을 만든 대한민국 국민 앞에서 정치가 원래 그렇다는 말은 한국 정치인이 할 소리가 아니다.

모든 분야가 다 그렇지만 특히 공적 신뢰를 바탕으로 공적인 역할을 수행하는 공직자가 순수함을 버리면 추해진다. 정치인은 더더욱 그렇다. 흔히들 '초심'으로 부르는 정치인의 '순수'는 '이상'과 '신념' 그리고 '원칙'일 것이다. 보다 나은 세상을 만들겠다는 이상, 정정당당하고 깨끗한 정치를 하겠다는 신념, 공과 사를 구분하겠다는 원칙 등… 보수, 진보 등의 이념은 '이상'을 어떤 방법으로 어떻게 실현하느냐의 수단적 차이에 불과하다. 결코 본질이나 목적이 될 수 없다. 이념이나 진영, 혹은 특정 권력자 개인을 위해 헌신하고 자기 자신을 바치겠다는 사람들을 빨리 정치권에서 몰아내야 하는 이유다. 처음 정치를 시작할 때 지녔던 순수함, 초심을 버리고 훼손하는 것도 문제지만 그보다 더 큰 문제가 있다.

지난 20대 국회 4년간 현실 정치에 몸담으며 놀라고 분노했던 것 중 하나는 정치를 시작하면서 아예 적극적이고 의도적으로 '순수'를 버리는 사람들의 모습이었다. 자기 분야에서 오점 없이 성실하고 깨끗하다는 인정을 받아온 사람이 선거에 출마하겠다며 내게 상담을 요청한다. 그렇게 만난 자리에서 내게 대뜸 "정치는 진흙탕이란 것 잘 압니다. 전 선거법 위반 등 흙탕물을 묻힐 각오가 되어 있습니다"라는 말을 담담하게 내뱉을 때 큰 절망감을 느꼈다. 그렇지 않다고, 알려진 것과 달리 법 지키며 깨끗하고 정직하게 해야 제대로 할 수 있는 게 정치라고 이야기해줬지만 그의 얼굴엔 수긍보다 의혹의 표정이 더 짙었다. 또 다른 선거 후보자는 굳이 유력 정치인이나 특정 집단과 가까운 것처럼 보일 필요가 없다, 스스로의 가치와 의지를 제대로 내세우는 게 낫다는 나의 조언에 묘한 미소로 응답하고선 정반대의 행보를 걸어갔다. 또 다른 후보자는 무리하고 비현실적인 공약, 자신의 뜻과 맞지 않는 지역 집단이나 단체, 유력자들의 요구를 수용하거나 공약으로 내세우지 말라는 나의 고언을 진지하게 듣고 돌아가서는 정반대로 행했다. '때 묻지 않은 순수함'이 가장 큰 무기인 이들 신인 정치인들조차 이럴진대 '때는 많이 묻었고 순수하지는 않지만 노련하고 능력 있다'는 것을 노골적으로 내세우는 기성 정치인들이야 오죽하랴.

최근 국민의 눈살을 찌푸리게 하는 정치권의 부당하고 불공정한 행태와 막말 역시 '순수를 포기한' 마음가짐에서 비롯된다. 순수함이 최대 무기인 청년 정치 지망생들의 입에서 나온 것이라고는 믿기지 않는 저급하고 이기적이며 선동적인 표현과 주장들, 정치권의 일상과 상식이 되어버려 일말의 부끄러움조차 느끼지 못하는 내로남불, 견강부회 그리고 결코 있어서는 안 될, 공직을 이용한 사익의 추구와 이해충돌 등의 사건들이 그 대표적인 예다.

순수함을 버린 정치인들의 한결같은 변명은 '당선이 되어야 뜻을 펼칠 수 있고, 권력을 잡아야 이상도 실현할 수 있다'는 오랜 속설이다. 너무도 당연한 말이지만 덫과 함정이 숨어 있는 치명적인 유혹이다. 이 속설을 진리인 듯 강조하고 반복하는 이들의 행태는 '뜻과 이상은 일단 잊고 신념과 원칙을 과감하게 버려야 당선도 되고 권력도 잡는다'는 속마음을 여실히 드러낸다. 즉, '순수함을 버려야 정치적으로 성공할 수 있다'는 소리 없는 외침을 열심히 토해내고 있는 것이다.

　프랑스의 철학자이자 기호학자 롤랑 바르트는 그의 저서 《신화론》에서 모든 속설에는 '의도'가 있다고 설파했다. '권력이 있어야 이상을 실현한다'는 속설은 한국 사회 대부분의 부모들이 자녀에게 강조하고 반복하는 '일단 성공해야 뜻을 펼칠 기회라도 생긴다'는 속설의 정치 버전이라고 할 수 있다. 이 속설의 의도는 자명하다. '불편한 질문을 봉쇄'하는 것이다. 이 말은 어린이와 청소년이 성장하면서 마주치게 되는 불합리와 불공정, 모순과 부당함에 대한 불편한 질문들에 매우 효과적인 대답으로 사용되고 있다. 학교 폭력과 따돌림 피해를 당하는 친구, 돈이 많거나 힘센 부모를 둔 아이들의 잘못된 행동에 침묵하는 선생님이나 가난한 아이들이 차별당하는 모습을 지켜본 자녀를 '안전하게' 보호하는 방어막 역할을 하는 것이다. 자녀가 괜히 이런 사건에 개입하고 말려들어서 다치거나 피해를 입거나 불이익을 당하지 않도록, 쓸데없이 남의 일에 나서 공부할 시간을 빼앗기지 않도록, 그러면서도 양심의 가책이나 무력감에 휩싸이지 않도록 지킬 수 있는 가장 효과적인 합리화 기제인 것이다. 그래서 부모들은 자녀에게 이렇게 말한다. "지금 네가 나선다고 뭐가 바뀌겠니? 너에게 무슨 힘이 있다고. 뉴스를 보렴, 세상엔 그것보다 더 부당하고 나쁜 일들이 많단다. 정말 정의로운 일을 하고 싶다면, 어렵고 불쌍한 사람을 도우려면, 힘이 있어야지, 높이 올라가야지, 성공해야지. 지금 눈앞에 있는 문제에 함부로 나서서 다치거나 성적이 나빠지면, 너는 아무도 도울 수 없는 힘없는 어른이 될 거야."

이런 속설에 굴복하고, 이것을 진리인 듯 받아들인 아이들이 좋은 성적을 거두고 좋은 대학에 진학하고 사회의 중요한 자리를 차지해 나가는 길고 오랜 과정에서, 아무런 계산 없이 옳은 일을 하고 바른 말을 하는 '순수함'은 퇴화되고 사멸되어버린다. 그렇다고 해서 평범한 부모가 이런 속설의 창시자이거나, 이 속설의 전파를 통해 가장 큰 이익을 보는 사람인 것도 아니다. 부모들 역시 학교에서, 군대에서, 직장에서, 옳은 말을 하고 부당함에 이의를 제기하며 나섰다가 호되게 당하고 불이익을 경험하면서 '이제 알겠냐, 그게 세상이야, 인생의 쓴맛이지'라는 말을 수도 없이 들으며 자란 사람들이다. 결국 이 속설에 담긴 의도는 부당함, 불공정, 불합리와 모순을 저지르거나 이로부터 이익을 보는 자들을 위한 것일 수밖에 없다. 기득권을 가진 자들, 변화, 개혁, 혁신이 일어난다면 불편해지거나, 지위와 이익 즉 자신의 기득권을 잃게 되는 자들이 만들고 퍼트리고 수도 없이 많은 반복을 하며 이런 생각을 '진리'인 듯 보이게 만들고 있는 것이다.

물론 그동안 역사를 통해 소요 사태나 혁명, 내전, 전쟁 등 급격한 변화가 오히려 서민, 기층 민중, 사회적 약자들을 더 많이 희생시키고 힘들게 했다는 것을 우리는 몸으로 배웠다. 모두를 위해 질서와 사회적 안정은 필수다. 민주주의라는 인류 최고의 발명품을 통해, 즉 정치가 더 공정하고 더 합리적이고 더 평화롭고 더 평등하며, 더 살기 좋은 세상이 되도록 지속적인 변화와 개혁, 혁신을 추동해나가야만 하는 이유가 여기에 있다.

그렇기 때문에 정치는 특별하고 중요하다. 군과 경찰, 행정 각 부 등 관료 조직, 사법부, 기업 등 다양한 사회 기제가 동조형 엘리트로 가득 차 이들에 의해 운영된다고 하더라도 정치만은 다르다. 미래의 성공을 위해선 현재의 부당함과 불합리를 감수하고 모른 체해야 한다는 '속설'을 받아들인 이들 대신, 부조리와 불합리, 부당함에 문제 제기하고 도전하는 사람들이 나서야 한다. 현실을 개선해나가겠다는 '순수한 열정'을 가진 이들이 다수를 차지해야 한다. 이 영역은 예산을 포함한 나라의 모든 자원과 재화를 분배하고, 사회 시스템을 만들고 바꾸는 '권력'을 위탁받은 '공적 영역'이기 때문이다. 보수 정치인이라면 체제의 안정과 기득권 집단의 건강한 리더 역할을 담보하기 위해 끊임없이 문제를 제기하고 개혁하고 보완·보수해나가야 한다. 진보 정치인이라면 스스로 기득권의 달콤한 과실을 기웃거리지 말고 보다 과감하고 근본적인 개혁을 위해 '순수한 열정'을 불살라야 한다. 정치 역시 조직이며 경쟁의 장이기 때문에 순수함을 버리라는 요구와 압박, 이를 정당화하는 속설이 밀려든다. 그럼에도 해답은 명확하다. 다른 어떤 분야보다 순수한 열정을 가진 이가 많아야 정치가 그래도 '덜' 타락할 수 있다. 처음부터 '당선부터 되고 봐야 해, 권력부터 잡고 봐야지, 정치는 그런 것'이라는 속설에 자신을 던져버리면 안 된다. 그렇게 때묻은 사람들이 정치를 시작한다면 그 과정과 결과는 변함없이 참담할 수밖에 없다.

　　순수함을 버린 정치인은 지위와 권력을 이용해 사익을 추구하거나, 옳고 그름에 대한 판단을 하기보다 득표나 당선 지지, 권력 등 이해득실을 먼저 생각한다. 틀리고 잘못된 사실인 줄 알면서도 지지층이나 여론의 호응을 받을 수 있다면 그 논리를 주장하고 내세운다. 맞는 지적과 비판인 줄 알면서도 자신에게 불리할 경우 끝까지 부인하고 상대방을 공격하면서 지지층을 결집하고 선동한다. 소신과 독립성을 유지하기보다 크고 강한 집단의 일원이 되기 위해 애쓰고 소집단과 집단의 권력자를 위해 무조건 충성한다. 그로 인해 왜곡되고 뒤틀린 예산과 입법 정책 공직 인사의 폐해, 사회적 분열과 갈등의 악영향이 고스란히 국가와 국민의 몫으로 돌아온다. 차분히 살펴보면 순수함을 버린 정치인들은 결국 자신의 사익과 출세욕, 권력욕을 위해 이상과 이념, 가치와 신념을 포장해 허위로 내세우고 있다.

　　정치에서 순수함을 유지하면 실패와 좌절이 뒤따른다는 속설의 실례로 자주 거론되는 정치인들이 있다. 대개 그들은 순수한 것이 아니라 '순진한' 정치인들이다. 이해득실

보다 옳고 그름을 먼저 보고 이상과 가치, 신념과 원칙을 지키려는 '순수함'과 '순진함'은 다르다. 순진함은 상황에 맞지 않고 시대에 뒤떨어지거나 설득력이 부족하고 대중과 여론의 지지를 받지 못하는 '솔직함'이다. 성차별, 막말, 장애인이나 외국인 등 소수자 비하 혹은 극단적인 주장을 생각나는 대로 뱉어놓고, 그에 따른 무겁고 따가운 질타나 실패를 경험하곤 '솔직해서' '순수해서' 피해를 입었다고 주장하는 경우가 이에 해당한다. 이들은 시대정신이나 정치적 타당성, 혹은 민감한 이슈에 대한 공부를 게을리 했기에 부적절한 언행을 했을 가능성이 높다. 때로는 이상적인 주장이나 정책, 입법 등을 내세우지만 국민의 관심이나 지지를 받지 못하거나 오해를 받고 실패하는 경우도 '순진함'에 해당한다. 전략이나 언변, 설득력이나 소통 능력 등이 부족해서 그렇다. 결국 정치인의 '순진함'은 무능과 게으름의 결과라고 할 수 있다.

순수한 열정을 잃지 않으면서 실패하거나 좌절하지 않으려면 '순진함'을 극복해야 한다. 즉 능력을 갖추어야 하고 부지런해야 한다. 순수한 정치인이 능력과 부지런함을 갖추면 인지도와 영향력이 생기는데, 이때 유혹도 뒤따르기 마련이다. 그 인지도와 영향력을 이용하려는 정치 내외의 다양한 힘과 세력이 강력하고 부패한 제안을 해오며 다가오는 것이다. 유혹을 이겨내려면 연대와 협력이 필요하다. 순수함을 지키려는 정치인들끼리, 정당과 정파를 넘어 상호 존중하고 소통, 연대, 협력하며 국가와 국민을 위해 헌신하는 정치의 본령을 지켜나가야 한다. 희생과 헌신을 통해 민주주의를 찾고 지켜온 위대한 국민을 믿고 '순수하지만 순진하지 않은' 정치인들이 최선의 노력을 경주해주길 기원한다. 그래야 코로나19 극복, 사회 통합, 공정과 정의 확립, 교육 혁신, 경제 발전, 환경 보호, 한반도 평화, 국제 협력 등 수많은 난제를 극복하고 더 나은 세상을 만들려는 우리 모두의 꿈을 조금씩 실현해나갈 수 있을 것이다.

게으른 정의

ⓒ 표창원 2021

초판 1쇄 인쇄 2021년 3월 18일
초판 1쇄 발행 2021년 3월 30일

지은이 · 표창원
펴낸이 · 이상훈
편집인 · 김수영
본부장 · 정진항
편집2팀 · 허유진 이현주
마케팅 · 천용호 조재성 박신영 성은미 조은별
경영지원 · 정혜진 이송이

펴낸곳 · 한겨레출판(주) www.hanibook.co.kr
등록 · 2006년 1월 4일 제313-2006-00003호
주소 · 서울시 마포구 창전로 70(신수동) 화수목빌딩 5층
전화 · 02-6383-1602~3 팩스 02-6383-1610
대표메일 · book@hanibook.co.kr

ISBN · 979-11-6040-469-2 03300